INSTRUCTION TECHNIQUE

SUR L'EXÉCUTION DES

TRAVAUX DE RÉPARATION ET D'ENTRETIEN

DU CASERNEMENT

PAR LES CORPS OCCUPANTS

(Art. 115 du Règlement sur le Service du Casernement du 3 mars 1899.)

Volume mis à jour jusqu'au 10 janvier 1925.

CHARLES-LAVAUZELLE & Cie

Éditeurs militaires

PARIS, Boulevard Saint-Germain, 124

LIMOGES, 62, Avenue Baudin | 53, Rue Stanislas, NANCY

N° 51 bis.

INSTRUCTION TECHNIQUE

SUR L'EXÉCUTION DES

TRAVAUX DE RÉPARATION ET D'ENTRETIEN

DU CASERNEMENT

PAR LES CORPS OCCUPANTS

(Art. 116 du Règlement sur le Service du Casernement du 3 mars 1899.)

Volume mis à jour jusqu'au 10 janvier 1925.

CHARLES-LAVAUZELLE & Cᴵᴱ
Éditeurs militaires
PARIS, Boulevard Saint-Germain, 124
LIMOGES, 62, Avenue Baudin | 53, Rue Stanislas, NANCY

Paris, le 9 janvier 1900.

Le Ministre autorise les corps de troupe de l'armée active à acheter dans le commerce, aux frais de la masse de casernement, le nombre d'exemplaires qui leur sera nécessaire de l' « Instruction technique sur l'exécution des travaux de réparation et d'entretien du casernement par les corps occupants ».

INSTRUCTION TECHNIQUE DU 3 MARS 1899

SUR L'EXÉCUTION DES

TRAVAUX DE RÉPARATION ET D'ENTRETIEN

DU CASERNEMENT

PAR LES CORPS OCCUPANTS

(Art. 116 du Règlement sur le Service du Casernement du 3 mars 1899.)

TEXTE

Le nouveau règlement du 3 mars 1899 sur le service du casernement donne (annexe n° 3) la nomenclature des travaux de réparation et d'entretien à exécuter par les corps occupants. La présente instruction a pour but de leur faciliter l'exécution de ces travaux en leur donnant quelques indications techniques et pratiques, et une description détaillée des objets mobiliers, ce qui permettra d'avoir une uniformité complète dans l'ameublement du casernement.

En ce qui concerne la nature des matériaux, ladite instruction ne peut donner que des renseignements généraux, car ces matériaux sont variables avec les régions et les localités; et il est plus difficile encore d'indiquer des prix pour leur acquisition, car ils dépendent essentiellement des circonstances locales. Quant à l'exécution proprement dite des travaux, il est bien entendu qu'on ne saurait prévoir tous les cas particuliers qui peuvent se présenter; aussi, à ce point de vue comme à celui de la nature et de l'acquisition des matériaux, il conviendra de se renseigner le plus possible auprès du service du génie.

Dans l'exposition qui va suivre, on a observé l'ordre de la nomenclature de l'annexe n° 3.

ARTICLE Ier. — **MAÇONNERIE.**

Nomenclature et qualités des matériaux à employer.

Les travaux de maçonnerie qui incombent aux corps comprennent : des scellements, des enduits et rejointoiements, des remaniements de pavages et carrelages.

Dans l'exécution de ces travaux ils auront à faire usage des matériaux suivants : chaux, ciment, plâtre, sable, pavés, carreaux, briques.

Chaux et ciment.

La chaux presque exclusivement employée maintenant en construction est de la chaux hydraulique, c'est-à-dire une chaux qui fait prise sous l'eau. Il en existe un grand nombre de marques, dont quelques-unes de 1er choix se trouvent sur presque tous les points du territoire. Elles pourront être choisies de préférence, mais elles n'excluent pas cependant certaines chaux de fabrication régionale, qui peuvent aussi être de bonne qualité et le plus souvent meilleur marché. Ce sera le cas de se renseigner auprès du service du génie, car la nature de la chaux joue le rôle capital dans la valeur des mortiers.

Les ciments, qui sont des chaux très hydrauliques, faisant prise très rapidement, sont de fabrication plus restreinte, et là encore il sera indispensable de se renseigner sur les meilleures marques. Ceci fait, on devra prendre toutes les précautions pour être sûr que la fourniture soit bien de la provenance prescrite. Pour cela, on ne devra accepter que des chaux ou ciments en sacs plombés portant la marque de l'usine. Si la commande est de quelque importance, on s'adressera directement à l'usine, ou bien l'on exigera du fournisseur la facture de livraison. Dans ce dernier cas on pourra également demander au service du génie de procéder à quelques épreuves à l'aiguille Vicat.

Enfin, les chaux et ciments portant la marque de fabrique exigée ne devront pas être détériorés par l'humidité, ce qui se reconnaît à une certaine agglutination des grains et à la présence de blocs plus ou moins volumineux ayant déjà fait prise.

Les chaux hydrauliques et les ciments sont livrés dans le commerce à l'état éteint et pulvérulent, mais les chaux grasses dont on fait usage pour le blanchissage des murs et qui proviennent toujours d'usines locales, peuvent être achetées soit à l'état de chaux éteinte en poudre ou en pâte, soit à l'état de chaux vive. Etant donné l'usage spécial qu'on en fait, il est essentiel qu'elles aient conservé, quand on les emploie, leur propriété corrosive et désinfectante. Pour ce motif, il semble préférable de les acheter à l'état de chaux vive et de procéder à l'extinction comme il est recommandé plus loin au paragraphe concernant le blanchiment des murs. On reconnaîtra alors que la chaux est de bonne qualité si en fusant elle augmente par le foisonnement de deux à trois fois de volume, si elle développe une forte chaleur, et si après l'extinction complète il ne reste pas de pierre calcaire, ce qui dénoterait une chaux imparfaitement cuite.

Conservation des chaux.

Les chaux hydrauliques et les ciments se conservent en sacs, mais à la condition d'être complètement à l'abri de l'humidité. Il est donc à recommander de ne pas en faire d'approvisionnements considérables.

La chaux grasse éteinte peut se conserver en poudre dans des récipients fermés en la soustrayant au contact de l'air; à l'état de chaux éteinte en pâte, on peut la conserver assez longtemps sous une couche de sable de $0^m,20$ à $0^m,30$ d'épaisseur, ou dans des récipients sous une nappe d'eau de même épaisseur.

Plâtre.

Le plâtre est livré dans le commerce à l'état pulvérulent dans des sacs qui portent la marque de fabrique. On l'obtient par la calcination du sulfate de chaux ou gypse naturel, et il importe, pour qu'il soit de bonne qualité, qu'il ne soit ni trop cuit ni trop peu. Un plâtre est de bonne qualité quand, pressé dans la main, il reste en boule et conserve l'empreinte des doigts, si au toucher il est onctueux et adhère à la peau; au contraire, s'il a l'aspect graveleux, c'est qu'il présente l'un ou l'autre des défauts indiqués ci-dessus. On peut aussi reconnaître la qualité d'un plâtre par l'expérience suivante: on en gâche une petite quantité avec un volume égal d'eau, on en forme une galette et on laisse sécher 8 à 10 minutes. Si au bout de ce temps le plâtre n'a pas fait prise, s'il se met en poudre, c'est qu'il est de mauvaise qualité; au contraire, il sera d'autant meilleur qu'il sera plus résistant.

Ce qui le fait employer en construction, c'est la propriété

qu'il a, en se combinant avec l'eau, d'augmenter de volume et de durcir rapidement. Il importe donc que le plâtre livré par les fournisseurs ne soit pas éventé et soit de fabrication récente. Dans le même ordre d'idées on devra toujours refuser du plâtre qui présenterait, comme les ciments altérés par l'humidité, une certaine agglutination des grains et des parties dures semblables à des cailloux.

Pour le conserver on devra le soustraire à l'humidité en le plaçant dans des locaux bien secs et en le recouvrant de bâches ou de sacs.

Il existe plusieurs types de plâtre :

Le plâtre gros gris et le plâtre fin, gris ou blanc.

Le plâtre fin gris peut s'obtenir à l'aide du plâtre gros gris passé au tamis. Lorsqu'on exécute des enduits en plâtre à deux couches, la première couche se fait en plâtre gros gris, et la seconde couche en plâtre fin, gris ou blanc.

Sable.

Le sable employé en construction doit être de préférence siliceux, non terreux ou argileux. On reconnaît qu'il est terreux ou argileux lorsque, légèrement humide et pressé dans la main, il salit les doigts et reste en boule. Il en est souvent ainsi des sables de carrière, tandis que les sables de rivière, généralement siliceux, sont le plus souvent exempts de matières terreuses ou argileuses. Ces derniers doivent donc être choisis de préférence ; mais il est des localités où il est difficile de s'en procurer, ou bien le prix en est très élevé. Dans ce cas on utilisera les sables de carrière, et s'ils sont terreux ou argileux on leur fera subir un lavage. Ce lavage se fait en plaçant le sable sur un tamis et en versant de l'eau avec un arrosoir, ou bien en immergeant plusieurs fois le tamis et le sable dans un baquet contenant une hauteur d'eau suffisante. Dans l'un et l'autre cas, il faut avoir soin de remuer le sable après chaque arrosage ou chaque immersion. Le lavage est terminé lorsque le sable placé dans un verre ne trouble plus l'eau que l'on verse dessus. La bonne qualité du sable, et par suite l'opération du lavage, est essentielle pour la confection des mortiers d'enduit.

Le sable est plus ou moins gros. On dit qu'il est fin lorsque les grains ne dépassent pas 1 millimètre de diamètre. On dit qu'il est gros lorsqu'ils atteignent 2 à 3 millimètres ; au delà il est considéré comme gravillon.

Pour les mortiers d'enduit, et surtout de jointoiement, il est nécessaire d'employer du sable fin. Pour les mortiers ordinaires on peut employer du sable moyen. Lorsque le sable livré n'est pas d'égale grosseur, on le passe au tamis pour en retirer le sable fin, ou à la claie pour en éliminer les gravillons.

Pavés.

Le choix des pavés est le plus souvent imposé par les ressources locales, mais s'il en existe plusieurs variétés dans la région, comme les travaux à exécuter par les corps n'exigeront que des fournitures peu importantes, le mieux sera d'acheter des pavés de même provenance que ceux existants.

Ils sont livrés tout taillés, et à ce point de vue les variétés sont assez nombreuses. Si le pavage doit résister à de fortes charges, comme ceux des chaussées ou des caniveaux des cours, on prendra des pavés carrés ou rectangulaires ayant environ $0^m,04$ de surface de tête et au moins $0^m,20$ de longueur de queue. Ils seront légèrement démaigris de la tête à la queue; la tête devra être plane et les arêtes bien dressées et à angle droit. Si le pavage ne doit résister qu'aux piétons, comme ceux des revers de bâtiment ou des trottoirs, on se contentera de petits pavés carrés ayant $0^m,15$ environ de tête et environ $0^m,10$ de queue. Pour les écuries et les emplacements du pansage des chevaux, si les pavés sont posés sur forme de sable avec ou sans mortier, il est nécessaire d'employer de gros pavés comme ceux des cours; mais si les pavés sont posés sur une forme de béton de $0^m,15$ d'épaisseur par exemple, alors les petits pavés indiqués ci-dessus posés à bain de mortier seront suffisants.

Carreaux.

Les carreaux peuvent être de fabrication spéciale comme les carreaux de grès, ou bien de fabrication céramique courante comme ceux en terre cuite. Dans le premier cas la marque de fabrique qu'ils portent tous répondra de leur qualité, et il suffira de se renseigner sur la meilleure marque. Le plus souvent d'ailleurs elle sera imposée par la nécessité d'avoir des carreaux semblables à ceux existants. Pour les carreaux en terre cuite de fabrication courante et presque toujours locale, on devra exiger qu'ils soient bien cuits, de couleur uniforme, sans fentes ni gerçures, à surface plane et à arêtes vives, droites et perpendiculaires, à retours d'équerre; ils doivent être non poreux et d'une dureté reconnue suffisante par des fournitures ultérieures éprouvées. Frappés l'un contre l'autre, ils doivent donner un son clair, et la cassure doit présenter une contexture fine et bien homogène. Ils doivent être de mêmes dimensions que ceux existants, afin d'éviter de les briser pour les raccorder avec eux.

Briques.

Les corps n'ont à employer la brique qu'à usage de carreaux, par conséquent les qualités qui viennent d'être énumérées ci-dessus pour ces derniers devront être exigées pour la brique.

Scellements et rescellements.

Les scellements et rescellements d'objets quelconques comportent les trois opérations suivantes :

1° La confection du trou du scellement ;
2° La préparation de l'objet à sceller ;
3° Le scellement ou rescellement proprement dit.

Confection du trou.

La confection du trou se fait à l'aide d'un ciseau à pierre et d'un marteau. S'il doit être exécuté dans la pierre de taille apparente ou dans la maçonnerie de briques de parement, il conviendra de donner à l'ouverture une forme régulière, généralement carrée, et de le creuser en prenant les précautions nécessaires pour éviter d'écailler la pierre ou la brique. Dans la maçonnerie de moellons on devra éviter de

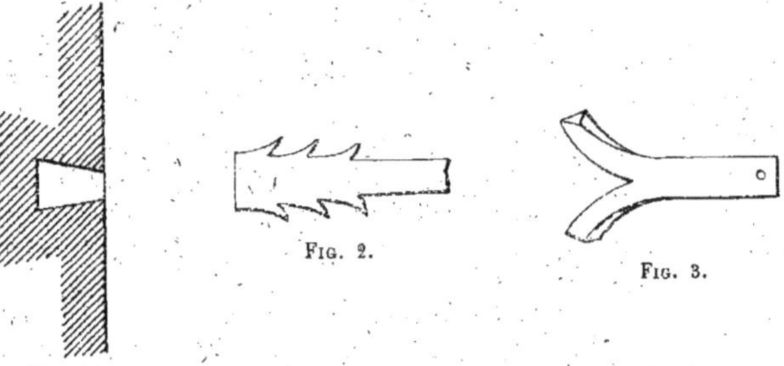

Fig. 2.

Fig. 3.

Fig. 1.

faire le trou dans un joint. Dans tous les cas il devra être creusé de façon à être plus large au fond qu'à l'entrée (fig. 1).

Les dimensions du trou dépendront de celles de l'objet à sceller, elles devront être telles que ledit objet vienne buter contre le fond du trou et qu'il soit entouré d'une épaisseur de deux à trois centimètres environ du mortier à sceller.

Préparation de l'objet à sceller.

L'objet à sceller, fer ou bois, doit être préparé de façon à s'opposer aux efforts d'arrachement. S'il s'agit d'un morceau

de fer carré ou d'un morceau de bois, on l'ébarbera, c'est-à-
dire qu'on créera des aspérités à sa surface (fig. 2) à l'aide
d'un ciseau à fer ou à bois. S'il s'agit d'un morceau de fer plat,
on terminera la partie à sceller en forme de queue de carpe
dont on courbera les branches dans des sens opposés (fig. 3).

Lorsque la pièce de fer proviendra d'un objet descellé, on
devra la débarrasser de tout l'ancien mortier plus ou moins
adhérent à sa surface.

Scellement.

Pour les scellements proprement difs on emploiera le plâtre ou le ciment.

On se sert aussi, pour les scellements qui exigent une prise
immédiate, du plomb et du soufre; mais l'emploi de ces matériaux exige quelques précautions et une certaine habileté
de main-d'œuvre; il conviendra d'en confier l'exécution au service du génie.

Le ciment ainsi que le plâtre devront être gâchés assez
serré, c'est-à-dire en employant pour la préparation du mortier un volume d'eau plus faible que le volume de plâtre ou ciment. Avant de commencer le scellement on devra projeter
un peu d'eau à l'intérieur du trou, de façon à enlever toutes
les poussières provenant du creusement. Ceci fait on intro-
duira au fond du trou une petite quantité de mortier, et ensuite l'objet à sceller que l'on maintiendra provisoirement en
place à l'aide de menus matériaux. On s'assurera, à l'aide
d'un fil à plomb ou de tout autre instrument, que l'objet à sceller est bien à la place qu'il doit occuper, puis on achèvera de
remplir le trou avec le mortier. Si l'on avait été obligé pour
une raison quelconque de donner au trou des dimensions
plus grandes que d'ordinaire, on emploiera avec avantage
pour le remplissage, concurremment avec le mortier, de petits morceaux de briques ou de tuiles.

On raccordera ensuite proprement, avant la prise complète
du mortier, la partie bouchée avec le parement environnant.
Si le scellement doit être fait dans une maçonnerie soignée
de pierre de taille ou de briques, il conviendra quelquefois
de dissimuler ce scellement en employant un mortier dont la
teinte se rapprochera de la pierre de taille ou de la brique.
On arrivera à ce résultat en teintant le mortier avec de
l'ocre, et en faisant les raccords de joints sur la maçonnerie de
briques.

Descellement et rescellement.

Pour desceller un objet on se sert du ciseau à pierre et d'un
marteau et on opère comme pour la confection d'un trou de
scellement. Si un deuxième scellement doit être fait à l'em-

placement du premier, on enlève entièrement tous les anciens gravois, on régularise le trou en lui donnant la forme indiquée ci-dessus, et on procède ensuite au scellement comme il a été expliqué. Si aucun objet ne doit remplacer l'objet descellé, on bouche le trou avec du plâtre ou du ciment et des morceaux de tuiles ou briques, puis on fait le raccord des surfaces de parement.

Réparations d'enduits sur murs et cloisons jusqu'à 3ᵐ,50 au-dessus du sol.

Les enduits sur murs et cloisons susceptibles d'être réparés par les corps peuvent être des enduits en mortier de chaux hydraulique, en ciment ou en plâtre. Dans tous les cas, la réparation comprend : 1° la préparation de la surface du mur ou de la cloison à l'emplacement où l'enduit doit être refait ; 2° la confection du mortier ; 3° son application sur le mur.

Préparation de la surface à enduire.

La préparation de la surface consiste à détacher avec un marteau à pointe, du mur ou de la cloison, toutes les parties d'enduit qui sont soufflées ou qui n'ont plus d'adhérence. On met complètement à nu la maçonnerie à l'emplacement de l'enduit détérioré ; on dégrade les joints, et les enduits restants, auxquels les crépis ou enduits neufs s'appuieront, seront dentelés et hachés sur les bords. Ceci fait, on mouillera fortement la surface à crépir et on appliquera ensuite le mortier.

On peut avoir à appliquer des enduits sur des cloisons en bois ou des pièces de charpente ; le plâtre seul convient à ce travail et quelques précautions sont à prendre pour en assurer l'adhérence. On peut par exemple clouer sur toute la surface à enduire des lattes de plafond en chêne ou en sapin, en les espaçant tant pleins que vides ; on peut aussi, s'il s'agit surtout de pièces de charpente, créer à la surface des aspérités à l'aide de la hache ou du ciseau ; enfin on peut garnir les parois de clous à grosse tête, mais alors il faut avoir soin que la tête des clous ne dépasse pas la première couche, c'est-à-dire le crépi. Des clous dont la tête serait apparente sur la surface de l'enduit définitif ne tarderaient pas à s'oxyder et feraient des taches de rouille sur l'enduit.

Composition et confection des mortiers

Les mortiers pour crépis et enduits ont généralement la composition suivante :

Mortier de chaux hydraulique : une partie en volume de

chaux hydraulique en poudre et deux parties de sable fin.

Mortier de ciment : une partie de ciment en volume et deux parties de sable fin siliceux.

Mortier de plâtre : plâtre pur.

Si le sable dont on dispose était argileux et un peu gros, il conviendrait de le laver et de le tamiser.

Lorsque le mortier de chaux hydraulique doit être employé en petite quantité, on le prépare dans une auge rectangulaire en bois, ouverte sur le devant et placée à hauteur convenable pour l'ouvrier. On mélangera d'abord les éléments à sec avec la truelle, puis on versera la quantité d'eau strictement nécessaire pour en obtenir un mortier offrant une certaine consistance et qui ne devra jamais être liquide. La trituration pourra se faire à la truelle. Si le mortier doit être préparé en plus grande quantité, on procède un peu différemment. On verse sur une aire en planches le sable et la chaux, on les mélange à sec à la pelle, on fait un creux dans le tas et on y verse une certaine quantité d'eau. On triture ensuite à l'aide du rabot en bois ou en fer.

On rassemble à la pelle, en le retournant, le mélange qui s'est étalé sur l'aire, on ajoute de l'eau s'il est nécessaire, et on rabote de nouveau jusqu'à ce que le mélange soit bien intime et ait atteint la consistance indiquée ci-dessus.

La chaux hydraulique est maintenant assez répandue pour qu'on puisse la prescrire exclusivement pour la confection des mortiers d'enduit ; cependant, si l'on était réduit pour un motif quelconque à employer de la chaux grasse, on procéderait de la même façon, mais il conviendrait de prendre un sable dont la grosseur des grains serait environ de 1 à 2 millimètres.

L'emploi du ciment exige certaines connaissances pratiques ; aussi devra-t-on recourir toutes les fois qu'on le pourra à des hommes sachant le travailler. Faute de spécialistes on se conformera aux recommandations suivantes : le mortier sera toujours fabriqué en petite quantité à la fois dans une auge disposée comme il est indiqué ci-dessus. Le gâcheur, armé d'une truelle mince en acier à long manche, après avoir jeté dans l'auge au moyen de mesures calibrées deux parties de sable pour une de ciment, fait à sec le mélange qu'il dispose en bourrelet devant lui dans l'auge. Il verse derrière ce barrage, en une seule fois, la quantité d'eau convenable (au plus la moitié du volume de ciment en poudre) et avec le bout de la truelle il projette le mélange de sable et de ciment. L'eau est rapidement absorbée, il malaxe alors le tout avec soin et le réunit en tas sur l'un des côtés de l'auge, pour le reprendre par petites parties et broyer avec force la pâte sous le plat de la truelle, en poussant la matière de l'autre côté de l'auge ; il recommence la manœuvre en sens inverse, et cette double opération doit être renouvelée de deux à quatre fois suivant l'habileté du gâcheur. Au premier tour le mortier présente l'aspect d'une pâte ferme qui se ramollit sensiblement par la trituration. Quand il est devenu homogène, il a un aspect luisant légèrement huileux, il peut alors être mis en œuvre.

Une précaution importante est à prendre pour tous les mortiers de chaux et de ciment destinés à la confection d'enduit, c'est de faire en sorte que la chaux soit rigoureusement éteinte. S'il reste de la chaux vive dans le mortier, elle fuse et produit de petites cavités dans l'enduit. Or, l'extinction complète de la chaux s'obtient par la trituration, on devra donc apporter tous ses soins à cette opération.

Le plâtre pour enduit se gâche aussi dans une auge en bois, et l'on emploie un volume d'eau à peu près égal à celui du plâtre. La trituration se fait aussi à la truelle, et comme pour le ciment il convient d'en préparer peu à la fois. Si l'enduit en plâtre doit rester apparent et être soigné, il conviendra d'employer une truelle en cuivre, car une truelle en fer ou en acier peut quelquefois donner des taches de rouille. Ainsi qu'il sera dit plus loin, les enduits se font en deux couches, et lorsqu'il s'agit d'enduits en plâtre d'une certaine importance, on emploie pour la première couche du gros plâtre et pour la seconde du plâtre tamisé.

Application du mortier.

Le mortier de chaux hydraulique, de ciment ou de plâtre, préparé comme il vient d'être expliqué, s'applique sur les surfaces aménagées comme il a été dit ci-dessus, de la façon suivante : une première couche est jetée fortement à la truelle, et lorsqu'elle commence à faire légèrement prise on l'étend à la taloche et on finit de dresser à la truelle ordinaire, ou mieux encore à la truelle bretelée, qui produit des rugosités qui faciliteront la prise de la deuxième couche.

Cette première couche s'appelle le crépi, et l'opération qui consiste à la fouetter fortement contre le mur s'appelle gobetage. La deuxième couche qui s'applique sur la première est l'enduit proprement dit. On l'applique à l'aide de la truelle, puis on l'étend avec la taloche ; enfin, pour augmenter la consistance, on la cire et recire à plusieurs reprises avec la truelle afin de bien faire refluer l'eau à la surface, puis on laisse sécher. S'il se trouve dans les parties d'enduit réparées des chaînes ou autres constructions en pierre de taille ou en briques, on aura bien soin d'y faire raccorder proprement les enduits, et d'enlever les bavures de mortier sur les parements de pierre de taille ou de briques qui doivent rester apparents.

Quelquefois, sur les parements extérieurs des murs, l'enduit qu'on applique sur le crépi, au lieu d'être lissé, doit présenter des rugosités, c'est ce qu'on appelle l'enduit moucheté, fouetté ou tyrolien. Pour donner à la surface de l'enduit cet aspect grenu, le maçon lance d'une main le mortier sur le crépi à l'aide d'un balai qu'il trempe dans le mortier, et qu'il frappe d'un coup sec contre une tringle en bois qu'il tient de l'autre main.

Le mortier employé pour les enduits fouettés doit être plus liquide que le mortier des enduits lisses, et l'on doit faire usage d'un sable gros pouvant être mélangé de gravillon de 3 à 5 millimètres de diamètre. Il sera avantageux également d'augmenter un peu la proportion de chaux hydraulique, ou mieux d'ajouter au mortier un peu de ciment. Le mortier, contenu dans un seau, devra être remué fréquemment afin d'éviter le dépôt du sable au fond du seau.

Les enduits en mortier de chaux ou de ciment ont généralement 0^m,03 d'épaisseur, ceux en plâtre 0^m,02 pour les deux couches.

Il peut arriver quelquefois qu'on ait à réparer un enduit d'une plus grande épaisseur ; dans ce cas on noie dans la première couche ou crépi de petits matériaux, pierres cassées, morceaux de briques ou de tuiles, et l'on fait ce qu'on appelle un renformis. L'enduit ou deuxième couche est appliqué sur ce renformis comme sur le crépi ordinaire.

Réfection de solins — Bouchage de trous faits par les rongeurs.

Des solins.

Quand on met en place une croisée ou une porte, il reste toujours entre la maçonnerie et le dormant de la croisée ou l'huisserie de la porte un vide presque inévitable. Or il importe de le faire disparaître afin d'empêcher l'eau d'y pénétrer, ce qui amènerait une détérioration rapide de la menuiserie. On y arrive en remplissant ce vide de mortier ; cet enduit linéaire s'appelle solin. Il importe donc de veiller à ce que ces solins extérieurs soient toujours en bon état. A l'intérieur on a aussi fréquemment à faire des raccords d'huisserie et de cloison, de mur et de plancher ; on donne également à tous ces raccords linéaires le nom de solin.

Le mortier pour solin extérieur se fait avec du sable très fin et de la chaux hydraulique ou du ciment, mélangés à volumes égaux. Il doit avoir la consistance d'une pâte, ni trop dure, ni trop molle. Pour réparer un solin on enlève avec une tige de fer tout l'ancien mortier, on humecte légèrement la maçonnerie, puis avec la truelle, sur le dos de laquelle on a placé un peu de mortier, on introduit celui-ci fortement et à refus entre la menuiserie et la maçonnerie. On le lisse ensuite sur tout le pourtour avec la truelle, et on lave la menuiserie pour faire disparaître les bavures.

Dans les perrons en pierre de taille, les joints entre les marches qui se superposent l'une à l'autre se dégradent et il se produit un vide dans lequel l'eau peut pénétrer. On le bouchera en procédant comme il vient d'être indiqué pour les solins de portes et de croisées. S'il s'agit de solin à l'intérieur, on emploiera de préférence du plâtre et on l'appliquera de la même façon.

Bouchage des trous faits par les rongeurs.

On bouche les trous faits par les rongeurs avec du plâtre, du mortier de chaux hydraulique ou de ciment, et des menus matériaux. On peut aussi mélanger au mortier du verre pilé. On commence par élargir l'ouverture du trou de façon à pouvoir introduire le mortier et les petits matériaux dans toute son étendue ; on rend les parois du trou irrégulières afin de faciliter la prise du mortier ; on enlève les gravois, on arrose et on procède au bouchage. Si les cavités creusées par les rongeurs avaient une trop grande profondeur qu'on ne pourrait atteindre qu'en démolissant un certain massif de maçonnerie, on pourrait procéder de la façon suivante : après avoir enlevé le plus possible les gravois avec une sorte de curette et arrosé l'intérieur du trou, on construirait autour de l'ouverture avec du plâtre gâché un peu serré et collé contre le mur, une sorte de cuvette de $0^m,10$ à $0^m,15$ de hauteur et de $0^m,06$ à $0^m,10$ de diamètre à la partie supérieure. On verserait ensuite dans cette cuvette un coulis clair de plâtre ou de ciment pur à prise rapide. Ce coulis pénétrera dans toutes les cavités, et on continuera de verser jusqu'à ce que le niveau se maintienne à une certaine hauteur dans la cuvette. On attendra alors que le mortier ait fait prise, puis on démolira la cuvette, et on raccordera avec l'enduit environnant, en mélangeant pour ce raccord du verre pilé au mortier.

Remaniement et rejointoiement de pavages et carrelages. Remplacement de pavés, carreaux et briques en recherche.

Relèvement de pavages.

Les pavages, sous des influences diverses, subissent des tassements et il en résulte des creux où l'eau séjourne. On les fait disparaître en relevant les pavés à l'emplacement du tassement. Pour cette opération il y a lieu de distinguer le cas où les pavés reposent simplement sur une forme de sable et celui où ils sont posés à bain de mortier sur cette forme de sable. Dans les deux cas on commence par enlever les pavés sur toute la surface du tassement, et s'il y a du mortier en dessous on l'enlève également. Ceci fait, si le pavage est fait sur simple forme de sable, on ajoute à l'ancienne forme préalablement ameublie à la truelle ou à la pioche, une épaisseur de sable suffisante pour que les pavés, simplement posés au marteau et non damés, dépassent de 3 ou 4 centimètres le niveau qu'ils doivent atteindre. On met les pavés en place en ayant soin de recouper les joints et en laissant entre eux un vide de $0^m,010$ à $0^m,015$ suivant leurs dimensions. On répand alors une couche de sable, on arrose à grande eau et on fait pénétrer le sable dans les joints en le remuant au balai. Ensuite on dame à la demoiselle jusqu'à ce que le pavage relevé se raccorde avec le pavage environnant.

Si le pavage est posé à bain de mortier, il n'y aura pas lieu de le damer à la demoiselle, mais il devra être mis immédiatement au niveau définitif en le frappant fortement au marteau. Le mortier employé est du mortier de chaux hydraulique ordinaire, deux parties de sable pour une de chaux. Il doit être versé en quantité suffisante pour qu'il reflue sur tout le pourtour du pavé et qu'on puisse l'étaler à la truelle dans le joint.

Remaniement de pavages. — Retaille des pavés.

Si les pavages sont déformés par suite d'usure des arêtes de la tête des pavés, on fait un remaniement de pavage. Pour cela on enlève les pavés, on les retaille au marteau et on les repose comme il est indiqué ci-dessus. On retaille les pavés en avivant au marteau les arêtes de la tête, et il faut avoir soin, tout en les retaillant, de leur conserver leur ancienne forme, c'est-à-dire qu'ils aillent en s'amincissant légèrement de la tête à la queue. Si les surfaces de pavage à remanier ont une certaine étendue, il est nécessaire de prendre quelques précautions pour bien se raccorder avec les surfaces non remaniées, et pour conserver au pavage ses pentes primitives. On se sert pour cela du cordeau. A l'aide de quelques points de repère, piquets ou pavés sur lesquels on fait reposer le cordeau, on fait épouser à celui-ci les pentes primitives et on place les pavés de niveau avec lui.

Lorsque la surface du pavage doit être imperméable, on laisse les joints légèrement creux et on fait un jointoiement, c'est-à-dire que l'on coule dans ces joints un mortier de ciment fin. Lorsqu'il y aura lieu de réparer ce jointoiement, on fera ce qu'on appelle un rejointoiement. On commence d'abord par dégrader le joint et enlever l'ancien mortier sur une profondeur de $0^m,04$ environ, on arrose et on coule dans le joint du mortier composé de une partie de ciment pour une partie de sable fin. Le mortier doit être assez clair pour pénétrer facilement dans le joint, on le fait refluer légèrement sur les bords et, avant que le mortier ait fait prise, on le lisse à la truelle quand le joint ne doit pas être accentué; dans le cas contraire on le cire au fer pour obtenir un joint en creux.

Dans les écuries les jointoiements ont été faits quelquefois en asphalte; les réparations s'exécutent d'après les mêmes principes, mais les joints sont lissés au fer chaud. Ce genre de jointoiement est délicat, il exige un matériel spécial; aussi convient-il d'en confier l'exécution au service du génie.

Enfin les pavés peuvent être posés sur une aire en béton; dans ce cas, quelles que soient les réparations à exécuter, il est bien entendu que cette aire ne devra jamais être enlevée.

Carrelages.

Les carrelages sont toujours posés à bain de mortier, soit sur une aire en béton, soit sur une forme de sable ou de gravois. Les remaniements par suite de tassements s'exécutent comme pour les pavages; mais quelques précautions particulières sont à prendre. Il faut démolir la partie du carrelage à remanier avec soin, de façon à ne pas briser les carreaux; on les décrotte et on redresse le niveau de la forme en ajoutant du sable, des gravois ou du béton. On pose ensuite les carreaux, après les avoir mouillés, sur une couche de mortier de $0^m,03$ environ d'épaisseur. Les joints doivent être alternés et aussi petits que possible, 2 à 3 millimètres au plus. On assujettit les carreaux sur la couche de mortier en les frappant légèrement avec le manche d'un marteau pour faire refluer le mortier dans les joints. On termine en faisant dans ces derniers un coulis de ciment très clair. Le mortier employé pour la pose des carreaux peut être un mortier ordinaire de chaux hydraulique avec sable tamisé; on peut aussi employer le mortier de ciment, par exemple dans les cuisines, les lavabos et les salles de bains où le sol est toujours humide. Au contraire, pour les locaux où le sol n'est pas soumis à de fréquents lavages on peut employer le plâtre, soit pur, soit mélangé avec de la sciure de pierre ou du poussier de charbon passé au tamis fin.

Remplacement en recherche de pavé, carreau ou brique.

Le remplacement d'un pavé, d'un carreau ou d'une brique détériorés s'appelle remplacement en recherche. On procède pour cette opération comme il a été dit ci-dessus pour les remaniements. Il faut avoir soin seulement, quand on enlève le carreau détérioré, de ne pas briser ni décaler les carreaux avoisinants et de bien décaper le pourtour desdits carreaux entre lesquels on doit placer le carreau neuf. Enfin il est

— 17 —

bien entendu que toutes les réparations de carrelages doivent être faites avec des matériaux semblables à ceux existants.

Carreaux d'asphalte comprimé.
(Circulaire du 18 septembre 1911, B. O., p. 1160.)

L'expérience faite au cours des dernières années au sujet de l'emploi des carreaux d'asphalte comprimé dans les bâtiments du casernement a mis en évidence les résultats suivants :

Les carreaux d'asphalte comprimé donnent de mauvais résultats quand ils sont soumis à l'action des huiles, des matières grasses, du pétrole.

L'emploi doit être proscrit dans les cuisines, réfectoires, lampisteries et autres locaux où il est fait usage de corps gras ou de pétrole.

Dans les casernements où existent de tels carrelages, les corps occupants doivent s'abstenir de les passer à l'huile de lin pour les cirer ou de les nettoyer au pétrole.

Dans les locaux éclairés au pétrole, il convient de placer sous chaque lampe un godet destiné à recueillir les gouttelettes de pétrole provenant du suintement du réservoir de la lampe.

Toutes autres précautions nécessitées par les circonstances doivent être prises pour éviter la détérioration de l'asphalte par les corps gras ou pétrole.

Les carreaux d'asphalte comprimé sont trop glissants pour être d'un bon emploi dans les écuries.

La chaleur dégagée par les poêles ou les radiateurs nuit à la résistance des carreaux d'asphalte au voisinage immédiat de ces appareils, dont l'emplacement devra être garni de plaques d'isolement, ou muni d'un carrelage différent, en carreaux céramiques, par exemple.

En dehors des cas susvisés, l'emploi des carreaux d'asphalte comprimé présente certains avantages et leur expérimentation est à poursuivre dans les conditions indiquées par les circulaires ministérielles n° 11545-2/4 du 10 juin 1905 et n° 21869-2/4 du 19 août 1909, adressées directement au service intéressé.

Fourniture de sable pour le nettoyage des planchers.

Le sable pour le nettoyage des planchers doit autant que possible être à gros grains et non argileux. Le sable de rivière est préférable, mais s'il n'en existe pas dans la région on emploiera du sable de carrière en lui faisant subir, s'il est nécessaire, un lavage et un tamisage.

Article II. — **MENUISERIE.**

Toutes les prescriptions indiquées plus loin au paragraphe de l'ameublement, sur la qualité des bois à employer, s'appliquent aux fournitures concernant les réparations à faire à la menuiserie.

Réparations aux plinthes, lambris, ébrasements, cimaises, encadrements de baies.

Les réparations aux plinthes, lambris, ébrasements, cimaises et encadrements de baies se font en enlevant la partie détériorée et en la remplaçant par du bois neuf de même essence que le bois enlevé. La plupart de ces menuiseries sont clouées sur des chevilles ou des tasseaux scellés dans la maçonnerie. Il faudra donc s'assurer que ces objets ne sont pas eux-mêmes vermoulus ou descellés, et dans ce cas y faire les réparations nécessaires. Les raccords des parties neuves avec les anciennes doivent être faits avec soin. Pour les plinthes ou les cimaises ces raccords se feront à sifflet; pour les lambris, les ébrasements ou les encadrements de baies on ne pourra en général que les faire à joints plats; mais alors les faces des joints devront être bien dressées de façon à ne laisser aucun vide. Enfin, les réparations faites, les menuiseries, à l'emplacement des raccords, ne devront présenter ni ressaut ni surépaisseur.

Réparations aux cloisons pleines et à claire-voie.

Pour les cloisons pleines ou à claire-voie, les réparations peuvent porter soit sur le bâti, soit sur les planches de la cloison pleine ou sur les frises de la cloison à claire-voie. Les réparations au bâti sont faites avec des bois de même équarrissage et au moyen des mêmes assemblages, à tenons et mortaises ou à mi-bois suivant les cas. Quelquefois, dans le remplacement d'une pièce, l'assemblage à tenons et mortaises ne pourra se faire qu'en démontant une partie du bâti, ce qui peut présenter certains inconvénients; dans ce cas on pourra le remplacer par un assemblage à onglet ou à mi-bois bien jointé, et on le consolidera par une plate-bande, une équerre ou un étrier en fer entaillé et vissé. Le remplacement d'une planche ou d'une frise ne présente aucune difficulté; mais il peut arriver que ces planches ou frises ne soient vermoulues qu'à la partie inférieure voisine du sol. Dans ce cas il n'est nullement nécessaire de les remplacer sur toute la hauteur, et il suffira le plus souvent de n'enlever que les parties comprises entre les deux traverses inférieures.

S'il s'agit d'un travail un peu soigné, le raccord des planches ou des frises entre les parties neuves et anciennes se fera sur la plus haute des deux traverses, soit par un assemblage à sifflet, soit par un assemblage à mi-bois, et dans le cas contraire par une simple juxtaposition bout à bout.

Les planches ou frises neuves devront avoir la même épaisseur que les anciennes.

Ainsi qu'il est dit ci-dessus et qu'il est recommandé dans le règlement, il est bien entendu que dans toutes les réparations de menuiserie qui viennent d'être énumérées, les bois neufs doivent être de même essence que les bois anciens, et que par exemple le sapin ne peut pas être substitué au chêne. Dans le même ordre d'idée, les planches ou frises des cloisons pleines ou à claire-voie, qui étaient fixées sur le bâti à l'aide de vis ou de boulons, devront l'être de la même façon dans les parties réparées ; en d'autres termes, on ne devra jamais substituer des pointes à des vis ou à des boulons. Enfin, les réparations terminées, on peindra les parties neuves, et on raccordera ces peintures avec celles avoisinantes.

Jeu à donner aux portes, croisées, persiennes et volets.

On donne du jeu aux portes, croisées, persiennes et volets, lorsque par suite du gonflement par l'humidité on ne peut plus les ouvrir ou les fermer que très difficilement. Le jeu se donne à l'aide du rabot de menuisier. Pour les portes, le moyen le plus commode consiste à les raboter sur champ. On diminue ainsi la porte de quelques millimètres en hauteur et en largeur, et cette opération est plus facile que d'approfondir les feuillures. On fait de même pour les persiennes et les volets.

Pour les croisées, le jeu doit aussi se donner sur les parties ouvrantes plutôt que sur les feuillures du dormant. On passera donc le rabot sur la traverse supérieure des vantaux ou sur la face inférieure du rejet d'eau. Mais cela ne suffira pas toujours, et dans bien des cas on sera obligé de diminuer légèrement l'épaisseur des languettes qui s'engagent dans les feuillures des assemblages à noix ou à gueule de loup.

Il est à recommander de ne pas donner de jeu aux menuiseries quand les bois sont extrêmement gonflés, car on s'exposerait à en donner trop et à compromettre ainsi la bonne fermeture quand les bois seront revenus à leur état normal. Dans tous les cas il convient par les temps humides de ne donner que le jeu strictement nécessaire. Le jeu donné, on passera une couche de peinture sur les parties rabotées.

Article III. — **SERRURERIE ET QUINCAILLERIE.**

Entretien et remplacement de tous les organes de mouvement ou de fermeture des portes, croisées, volets et persiennes et en général de tous les
objets courants de quincaillerie.

Les objets de serrurerie et quincaillerie que les corps doivent entretenir ou remplacer au compte de la masse de casernement sont énumérés à l'annexe n° 3 du règlement sur
le service de casernement. Quelques-uns, comme les pattes à
scellement ou les équerres, peuvent à la rigueur être exécutés
par des soldats ouvriers en fer ; mais la presque totalité doit
être achetée dans le commerce. Il existe pour chaque article
beaucoup de modèles et un choix judicieux est quelquefois
difficile. On devra donc autant que possible choisir des modèles semblables à ceux en service ou qui s'en rapprochent
tout au moins par les dimensions et la solidité.

Dans la pose des objets de serrurerie et quincaillerie quelques prescriptions sont à observer. Certains de ces objets,
comme les équerres de croisée ou de porte, les paumelles, les
fiches, etc., sont posés dans des entailles pratiquées dans la menuiserie. Ces entailles épousent la forme de l'objet et leur profondeur est égale à son épaisseur ou légèrement supérieure. On
dit alors que l'objet est entaillé ou posé avec entaille. Cette entaille se pratique avec le ciseau à bois, elle a pour but d'empêcher
la saillie de l'objet sur la menuiserie et aussi de donner plus de
solidité à la pose. Il doit être entendu que tous les objets de
cette catégorie qui sont posés avec entaille sur les menuiseries
de la caserne ou du quartier doivent, dans les réparations exécutées par les corps, être posés de la même façon, qu'il s'agisse
de pose sur bois neuf ou sur vieux bois. Dans ce dernier cas,
si les objets neufs sont de plus grande dimension que les anciens, on agrandira l'entaille en conséquence, si au contraire
ils étaient de plus petite dimension on boucherait les vides
avec du mastic. Les anciens trous de vis non utilisés doivent
être également bouchés avec du mastic. Tous les objets de serrurerie ou de quincaillerie doivent être posés avec vis et non
avec des pointes ou des vis à garnir, c'est-à-dire des clous
imitant les vis. Avant la pose, ils doivent tous être passés au
minium ainsi que le fond des entailles ; ensuite, ils sont peints
dans le même ton que les autres ferrures non déposées. Enfin,
dans les remplacements de serrures on ne devra pas omettre
de poinçonner les clefs à la lettre du bâtiment et au chiffre
du local correspondant.

Article IV. — **PEINTURE ET VITRERIE.**

Les travaux de peinture incombant aux corps comprennent : le blanchissage intérieur des locaux, les remplacements de carreaux de vitre, le remasticage des boiseries et de la vitrerie, la fourniture et la pose des papiers de tenture, les lessivages et les renouvellements périodiques des peintures.

Pour l'achat des matériaux nécessaires à ces travaux, les corps devront s'entourer de toutes les garanties possibles, car, si la qualité des verres du commerce est très variable, il n'est pas d'autre part de matériaux où il soit plus difficile de reconnaître une bonne fourniture et qui se prêtent mieux à la fraude que tous ceux qui se rapportent aux travaux de peinture. On devra donc tenir grand compte des recommandations qui vont être indiquées ci-dessous.

Blanchissage intérieur des locaux, y compris la fourniture des matériaux et de l'outillage.

Tous les locaux du casernement doivent être blanchis à la chaux au moins une fois par an par mesure hygiénique. Mais on croit devoir rappeler en outre que la circulaire du 5 février 1894, B. O., p. 89, prescrit que dans les locaux d'usage commun (corridors, escaliers, etc.) les murs doivent être tenus constamment dans le plus grand état de propreté, que les blanchiments périodiques sont insuffisants, et qu'il est nécessaire de créer dans chaque corps une équipe permanente qui exécutera les réparations au fur et à mesure des besoins. Il est donc attaché une grande importance à la propreté constante et irréprochable des murs du casernement.

Les blanchiments se font au lait de chaux que l'on prépare de la façon suivante : on fait déliter de la chaux grasse de bonne qualité en l'arrosant petit à petit de la moitié de son poids d'eau. On obtient de la sorte une poudre qui peut être conservée quelque temps dans un récipient soigneusement bouché et placé dans un endroit sec. On prend un volume déterminé de cette chaux-éteinte en poudre, on la délaye dans le double de son volume d'eau. Le lait de chaux ainsi préparé ne peut conserver ses qualités désinfectantes que dans un vase bien bouché et pendant deux jours. Il paraît donc plus prudent de ne préparer le lait de chaux qu'au moment du besoin, et en quantité assez faible pour qu'elle puisse être employée dans la même journée. Le délayage se fait dans des seaux ou des baquets en bois.

Pour l'appliquer sur les murs, on se sert de brosses ou de pinceaux *ad hoc* fixés à des tringles suffisamment longues pour atteindre tous les points de la pièce.

Ces pinceaux et ces brosses sont d'un modèle courant dans tous les établissements militaires.

Avant de commencer tout blanchissage on devra épousseter les murs et faire tomber, à l'aide du balai ou de la brosse de chiendent, les parties écaillées des anciens badigeons. On passera alors la première couche qui doit être étendue uniformément en promenant la brosse ou le pinceau sur toute la surface et dans le même sens. Mais à chaque couche suivante on doit passer dans un sens différent, de façon à éviter les stries sur les murs, et afin que le blanchissage une fois terminé, ces derniers présentent une teinte uniforme de blanc de chaux sans aucune trace de brosse ou de pinceau.

Deux couches seront en général suffisantes pour faire disparaître toute trace de fumée ou de souillure sur les murs; mais il faudra avoir soin d'agiter fréquemment le lait de chaux, afin d'éviter le dépôt de la chaux au fond du seau ou du baquet, autrement les couches seraient trop peu épaisses et il en faudrait trois au lieu de deux.

La colle doit être absolument proscrite des blanchissages; c'est un agent de fermentation propre à la culture des microbes. Au contraire, on doit recommander l'usage de l'alun qui atténue beaucoup l'inconvénient qu'a la chaux pure de ne pas adhérer complètement au mur et de blanchir les effets. L'alun s'emploie à raison de 40 grammes environ par litre d'eau dans laquelle on le fait dissoudre avant d'y verser la poudre de chaux éteinte.

On préconise aussi dans le même but l'emploi du chlorure de sodium ou sel marin. On fait dissoudre à froid du sel marin dans de l'eau à raison de 200 grammes par litre, on y verse, dans la même proportion que s'il s'agissait d'eau pure, la chaux éteinte en poudre, et on fait le blanchissage comme à l'ordinaire. On obtient ainsi un blanc solide qui ne s'écaille pas et qui ne blanchit ni les vêtements ni la main. Mais on peut craindre que le sel ne rende les murs salpêtreux, et à ce point de vue l'alun est préférable. Quelquefois, pour atténuer la crudité de la couleur blanche, on teinte légèrement le lait de chaux avec de l'ocre. Il faut alors avoir bien soin de remuer à chaque instant, autrement l'ocre se dépose et on n'obtient pas un ton uniforme. Les blanchiments teintés ont encore l'inconvénient de se prêter difficilement à un blanchiment partiel, car on n'est jamais sûr de retomber sur la même teinte, et il en résulte des plaques de ton différent dont l'effet est disgracieux. Aussi les blanchiments teintés ne sont-ils pas à recommander pour les chambres de troupe, où les retouches doivent être constantes si l'on veut avoir en tout temps des murs absolument propres.

Peintures et blanchiment des murs à l'intérieur des casernements.
(Circulaire du 2 mars 1900, *B. O.*, page 281.)

On a constaté, dans un grand nombre de casernements, une tendance des corps de troupe à illustrer de dessins ou de peintures les murs intérieurs des bâtiments occupés par les hommes.

Ces peintures offrent souvent, au point de vue hygiénique, le grave inconvénient d'avoir pour base la colle ou gélatine, matière d'origine animale, éminemment propre au développement des germes de toute nature.

D'autre part, elles ne peuvent supporter aucun nettoyage. Comme on hésite longtemps à les remplacer, elles présentent pendant plusieurs années un aspect poussiéreux et défraîchi, beaucoup moins satisfaisant que la rigoureuse propreté du blanchissage à la chaux, bien entretenu.

La même observation s'applique aux papiers de tenture que les sous-officiers sont parfois autorisés à faire poser à leurs frais dans leurs chambres. Cette tolérance a, dans la suite, pour effet d'imposer des dépenses à leurs successeurs pour renouveler les papiers, ou au corps pour remettre les murs en état d'être blanchis. L'hygiène ne condamne pas moins cette pratique que l'intérêt pécuniaire de ceux qui viennent à occuper successivement les locaux ainsi tapissés.

On ne saurait trop recommander, au contraire, l'usage général du blanchiment au lait de chaux, non seulement pour la facilité avec laquelle on l'entretient constamment en bon état à peu de frais, mais surtout pour ses qualités hygiéniques.

De nombreuses expériences ont en effet démontré qu'il possède une action désinfectante des plus efficaces, à la seule condition que la chaux ait été éteinte peu de temps avant son emploi. Il peut être utilisé, au lieu et place des autres antiseptiques, pour la désinfection des chambres où se sont manifestées certaines maladies contagieuses.

Les peintures à la colle et les papiers de tenture seront donc à l'avenir prohibés des locaux ci-après (à partir de la mise hors service de ceux qui peuvent y exister actuellement) (1) :

Chambres de troupe (contenant des lits);

Chambres de sous-officiers;

Escaliers et couloirs de la troupe;

---

(1) Cette interdiction doit être étendue aux peintures dont les matières agglutinantes sont des albuminoïdes, celles-ci étant d'origine organique comme les matières collagènes. (Notification du 19 mai 1904, *Bulletin officiel*, page 678.)

Salles de débit des cantines;

Salles d'escrime.

Ces locaux seront en principe toujours blanchis à la chaux.

On se reportera, pour les soins à apporter à l'opération du blanchiment, à l'instruction technique sur l'entretien du casernement par les corps occupants.

Toutefois, le grattage et l'époussetage prévus par cette Instruction ne seront pratiqués que lorsqu'ils paraîtront absolument indispensables à la bonne exécution matérielle du travail, et seront, en particulier, rigoureusement supprimés, lorsqu'il s'agira d'une désinfection par suite de maladie contagieuse. Au point de vue hygiénique, en effet, l'enlèvement des poussières des murs avant le blanchissage est sans utilité, et ne peut présenter que des inconvénients; l'application du lait de chaux suffit à stériliser tous les germes qu'elles contiennent.

Les peintures à l'huile et les peintures dites vernissées ou laquées, qui sont susceptibles de lavage ou au moins d'un brossage énergique, pourront exceptionnellement être employées dans les locaux dont il s'agit, en remplacement du blanchiment à la chaux, lorsque les chefs de corps le jugeront utile, et que les ressources de la masse seront suffisantes pour que l'entretien du casernement ne doive pas souffrir de la dépense assez élevée entraînée par cette opération. Mais, en raison de l'extrême variété des peintures vernissées du commerce, les corps de troupe ne devront recourir à ces derniers produits qu'avec une grande circonspection, et seulement lorsqu'ils auront reçu à leur sujet des renseignements précis de services militaires les ayant déjà employés.

Pour les locaux du casernement autres que ceux énumérés ci-dessus, bien que les peintures à la colle puissent être tolérées à la rigueur, elles ne sont pas à recommander, et il convient de s'inspirer autant que possible des observations qui précèdent.

On ne doit pas négliger non plus d'entretenir en état constant de propreté les placards affichés dans les chambres. Les dépôts de poussière qui peuvent s'amasser derrière les planchettes ou cartons suspendus aux murs doivent être soigneusement évités.

Emploi de pulvérisateurs pour le blanchiment des locaux du casernement.

Des expériences faites sur le blanchiment des locaux au moyen de pulvérisateurs ayant donné des résultats satisfaisants, les corps ou services sont autorisés à acquérir des appareils de ce génre pour le blanchiment ou la désinfection des locaux du casernement.

L'appareil qui semble le mieux convenir contient 15 litres de liquide environ (1) et peut être placé au moyen de bretelles sur le dos d'un homme, un levier oscillant permet de comprimer de l'air sur le liquide; un second homme est chargé spécialement de la manœuvre d'une lance creuse reliée à l'appareil par un tube en caoutchouc d'au moins $1^m,20$, et terminée par un ajutage spécial produisant la pulvérisation du liquide.

Il est indispensable d'employer pour les badigeons à la chaux avec pulvérisateur, une chaux vive grasse (2) de très bonne qualité et récemment cuite.

Cette chaux est éteinte très lentement en versant peu à peu environ la moitié de son poids d'eau (il vaut mieux que la première eau versée soit légèrement chaude); on obtient ainsi une chaux fusée qu'on laisse refroidir complètement (3).

Pour délayer la chaux éteinte, on commence par la placer dans un baquet spécial, puis on verse un peu de liquide pour s'assurer qu'il n'y a plus d'échauffement et par suite plus de chaux vive; on délaye ensuite cette chaux (à laquelle on ajoute du noir ou des ocres si on désire la teinter) en projetant de l'eau par petites quantités et en tournant constamment.

Le poids d'eau employée pour le délayage ne doit pas dépasser six fois le poids de chaux vive utilisée.

Le mélange doit demeurer très liquide et on peut y introduire des fixatifs solubles tels que l'alun (40 grammes environ par litre d'eau) si on le désire.

Pour remplir l'appareil, on doit filtrer le lait de chaux sur un filtre spécial livré par le constructeur; un bon tamisage du liquide est indispensable pour le fonctionnement régulier du pulvérisateur.

Après chaque journée de travail, il importe de laver à grande eau l'appareil et sa lance; le filtre doit être rincé assez souvent

---

(1) L'appareil employé à la caserne de la Nouvelle-France par le 24ᵉ régiment d'infanterie, au dépôt de remonte de Paris et à son annexe de Bec-Hellouin, est le « pulvérisateur éclair » n° 3, système Vermorel, à Villefranche (Rhône); l'appareil employé au camp de Châlons a été fourni par M. Girardot, quincaillier à Reims. On peut encore citer l'appareil Besnard (28, rue Geoffroy-l'Asnier, à Paris), utilisé par la compagnie d'Orléans, les appareils Japy frères et Cⁱᵉ, à Beaucourt (territoire de Belfort); Beauzemont, à Boissy-le-Sec (Eure-et-Loir), etc. Ces appareils coûtent de 40 à 60 francs.

(2) La chaux hydraulique doit être absolument proscrite.

(3) La chaux éteinte peut être conservée quelque temps dans un récipient soigneusement bouché et placé dans un endroit sec.

dans un seau d'eau pendant les opérations du blanchiment, pour enlever les grumeaux qu'il retient.

Comme dans le cas du badigeonnage au pinceau, avant de commencer le blanchiment, les murs doivent être époussetés ou grattés pour faire disparaître la poussière et les parties écaillées des anciens badigeons.

Pendant le blanchiment, l'extrémité de la lance doit être maintenue à une distance aussi invariable que possible de la paroi (de 0^m,60 à 1 mètre, suivant les appareils); si le pulvérisateur est tenu trop près de cette paroi, il se produit des éclaboussures; s'il est tenu trop loin, au contraire, une grande partie du liquide puvérisé tombe par terre.

Le mouvement de la lance doit être lent, mais régulier; si le mouvement est trop rapide, la couche de chaux est insuffisante; s'il est trop lent, le liquide s'écoule le long des parois en produisant des traînées désagréables à l'œil :

Deux couches sont en général suffisantes pour assurer un bon blanchiment; la rapidité de l'opération permet pour ainsi dire de ne pas interrompre les services, par exemple ceux des cuisines; il suffit de jeter momentanément sur les tables ou appareils, des toiles ou sacs qu'on laisse en place le temps de l'application d'une couche et qu'on enlève immédiatement après.

Les hommes arrivent assez facilement, après quelques essais, à se servir des pulvérisateurs; mais il importe de ne confier ces appareils qu'à des soldats intelligents et ayant un certain coup d'œil; les vignerons, ayant l'habitude du maniement des pulvérisateurs, pourront souvent être utilisés avec avantage.

Emploi des résidus de carbure de calcium pour le blanchiment des locaux du casernement,
(Circulaire du 20 avril 1922, B. O., page 1246.)

Il a été fait emploi, en 1921, à titre d'essai, pour le blanchiment de murs extérieurs de bâtiments, ainsi que pour le blanchiment de murs intérieurs de chambres de troupe, d'une dissolution de l'hydrate de calcium provenant des résidus de la production de l'acétylène, au moyen de carbure de calcium.

Cette dissolution comprenait 10 litres d'eau et 10 ou 5 litres d'hydrate de calcium, avec de petites quantités de matière colorante en poudre, ou de noir de fumée.

Les résultats obtenus ont été favorables à tous points de vue; le procédé procure les avantages suivants : coloration agréable, fixité supérieure à celle du blanc de chaux, effet insecticide, emploi inoffensif (les produits azotés, sulfurés, phosphatés et siliciés contenus dans les résidus ne pouvant aucunement être nuisibles pour la santé des hommes occupant des casernements ainsi blanchis).

En conséquence, l'emploi de ce procédé sera généralisé, tout d'abord dans les garnisons où il existe des corps et services (aviation, services automobiles, etc...) qui se servent de l'éclairage à l'acétylène.

Ceux-ci utiliseront l'hydrate de calcium pour le blanchiment de leurs locaux et mettront leurs disponibilités, à titre gratuit, à la disposition des corps et services de la même garnison qui leur en feront la demande.

Il conviendra de tenir compte des indications suivantes :

a) L'hydrate de calcium doit être de fabrication récente;

b) Pour conserver toute la valeur à ce produit, les corps producteurs auront à le déposer — après l'avoir débarrassé des matières noirâtres qu'il contient, et l'avoir au besoin délayé dans une petite quantité d'eau — dans une fosse simplement creusée dans le sol; dans ces conditions, la surface seule de la chaux ainsi obtenue se carbonatera à l'air, le dessous restant pâteux et bon pour l'emploi.

Étant donné qu'il s'agit d'un procédé nouveau dans les travaux de construction militaire, les services locaux du génie en suivront l'emploi et présenteront au Ministre, s'il y a lieu, leurs observations sur les résultats obtenus et toutes propositions jugées utiles.

Remplacement des carreaux de vitre.

Les carreaux de vitre brisés doivent être remplacés par des verres de même qualité. Le verre d'usage courant est le verre simple. Il doit être blanc, bien uni, sans déformations, soufflures ni stries. Son épaisseur est de 1 millimètre et demi. Pour les châssis à tabatière on emploie le plus souvent du verre double, son épaisseur est de 3 millimètres. Le verre simple doit peser 4 kilogrammes le mètre carré, et le verre double 8 kilogrammes.

On découpe les carreaux de vitre à l'aide d'une règle et d'un diamant. Il faut avoir soin de les couper à des dimensions un peu moindres que celles de la feuillure qui doit les recevoir, afin qu'ils ne se rompent pas quand les bois travaillent.

Pour poser un carreau on commence par enlever de la feuillure tout l'ancien mastic à l'aide d'un râcloir, on introduit ensuite le carreau neuf dans la feuillure et on le fixe à l'aide de pointes de vitrier, à raison d'une au moins sur chaque face pour les petits carreaux, et de deux ou trois pour les grands carreaux. On mastique ensuite sur tout le pourtour. Pour les croisées ou châssis métalliques on opère de la même manière et avec le même mastic, seulement les pointes sont remplacées par de petites chevilles que l'on fixe dans les trous ménagés à cet effet dans les petits fers.

Remasticage de la vitrerie et des boiseries.

Le bon état du masticage de la vitrerie est une condition essentielle de la conservation des croisées et des carreaux, car il empêche l'eau de pénétrer dans les feuillures et il assure la rigidité des carreaux. On doit donc l'entretenir avec beaucoup de soin.

Le mastic de vitrier que l'on emploie à cet usage est un mélange de sept parties en volume de blanc d'Espagne en poudre fine pour une partie d'huile de lin. Mais bien que cette composition soit assez simple, la préparation du mastic exige un broyage que les industriels seuls, munis d'un outillage particulier, peuvent exécuter.

Les corps devront donc acheter le mastic tout préparé dans le commerce, il n'est d'ailleurs sujet à aucune contrefaçon. On peut en acheter une certaine quantité à la condition de le conserver sous l'eau dans un récipient quelconque. S'il s'était durci, on lui rendrait très facilement sa plasticité en le battant d'abord avec des battes, en ajoutant ensuite un peu de blanc de Meudon et de l'huile de lin et en triturant fortement.

Pour remastiquer les vitres d'une croisée, on enlève au racloir tout l'ancien mastic qui ne tient plus, et on le remplace par du mastic frais que l'on pose avec le même instrument.

Les boiseries, sous l'influence des variations atmosphériques, subissent des retraits, et aussi avec le temps réapparaissent des défectuosités qui avaient été plus ou moins bien dissimulées. Les boiseries d'une certaine ancienneté présentent donc souvent des fissures, des gerçures ou des trous qui sont autant de nids à insectes. Il y a grand intérêt à les boucher, ce qui se fait à l'aide du mastic de vitrier. Le masticage ou rebouchage est ensuite dissimulé sous une couche de peinture.

Fourniture et pose des papiers de tenture.

Les papiers de tenture ne peuvent être collés sur les murs que si ces derniers sont recouverts d'un enduit en plâtre. Lorsque l'on pose un papier en remplacement il faut toujours enlever l'ancien aussi complètement que possible. Le collage se fait avec de la bonne colle de farine que l'on étend au pinceau sur le verso du papier ; on applique ensuite celui-ci sur le mur à l'aide d'une brosse à longs crins. Les rouleaux doivent se raccorder comme dessins, les bordures suivent l'alignement des plafonds et des plinthes.

Lessivage des peintures

Le lessivage des peintures a pour but de faire disparaître les taches et les malpropretés, alors que ces peintures ne sont pas encore à bout de durée et ne nécessitent pas une réfection qui est encore assez coûteuse. Si les peintures ne sont que salies par la fumée ou la poussière, on se contentera d'un simple lavage au savon noir ou à l'eau seconde très étendue. L'opération se fait avec une éponge et n'exige aucune précaution spéciale.

Si elles sont souillées par des taches de graisse ou fortement noircies par la fumée, un simple lavage comme ci-dessus est insuffisant, alors on fait un lessivage à l'eau seconde. On trouve l'eau seconde toute préparée dans le commerce, c'est une dissolution de potasse caustique dans de l'eau, généralement dans la proportion de 400 grammes par litre d'eau. Cette proportion, toutefois, n'a rien d'absolu et, comme l'eau seconde est un agent assez énergique qui attaque les peintures, il conviendra de l'étendre plus ou moins d'eau, suivant que les peintures sont plus ou moins difficiles à faire disparaître. La composition des peintures, d'autre part, est essentiellement variable, car aucune matière n'est plus sujette à contrefaçon. Aussi, l'action de l'eau seconde sur les peintures est-elle, de ce fait, très différente, suivant les cas. Il conviendra donc, avant de procéder à un lessivage en grand à l'eau seconde, d'essayer le liquide sur une toute petite surface, de voir l'effet produit, et de l'étendre plus ou moins d'eau suivant les cas. Cet essai préliminaire est essentiel si l'on ne veut pas s'exposer à enlever complètement la peinture par le fait du lessivage. En outre, quelques précautions particulières sont à prendre. On devra éviter avec le plus grand soin, par exemple, de laisser séjourner longtemps le liquide sur les menuiseries dont les peintures pourraient être fortement endommagées. C'est dans le même but que l'on recommande, dans les lessivages, de procéder par tranches verticales en allant de haut en bas, de façon à éviter qu'en lessivant les parties supérieures, des gouttes de liquide ne tombent sur les parties inférieures et n'y séjournent trop longtemps. On fait les lessivages à l'aide d'une éponge douce et débarrassée de tout élément anguleux susceptible de rayer les peintures. Une fois terminé, on lave à grande eau avec une autre éponge et on essuie.

Renouvellement des peintures et peintures sur bois neufs

Les peintures, à la suite de plusieurs lessivages et aussi par l'effet des agents atmosphériques, se détériorent et tendent à disparaître ; de temps à autre, il est nécessaire de les refaire, car elles sont indispensables à la conservation des menuiseries. Les corps peuvent aussi avoir à peindre des menuiseries neuves, et la manière de procéder dans les deux cas est un peu différente. Dans le cas d'une menuiserie neuve, il faut tout d'abord donner une première couche dite d'impression. Lorsque cette première couche est sèche on procède au rebouchage au mastic, c'est-à-dire que l'on remplit de cette matière toutes les fissures, gerçures, trous ou autres défectuosités de la menuiserie. Sur les nœuds de sapin on étend également une mince couche de mastic, pour que la peinture adhère mieux. Ceci fait, on passe la deuxième couche et ensuite la troisième, étant entendu qu'une couche ne doit jamais être passée avant que la précédente soit bien sèche.

S'il s'agit de peintures à renouveler, on commencera d'abord par lessiver fortement les anciennes à l'eau seconde, afin d'enlever toute trace de matière graisseuse. On rebouchera au mastic s'il y a lieu, et il suffira en général de deux couches un peu épaisses pour bien couvrir. Cependant, si les peintures étaient par trop détériorées, on redonnerait une première couche d'impression, puis une deuxième et une troisième couche.

Les peintures presque exclusivement employées dans les casernes et quartiers sont les peintures brun marron et vert olive foncé. Cependant, on peut aussi avoir à exécuter quelquefois des peintures claires au blanc de zinc.

Ainsi qu'on l'a dit plus haut, il n'est pas de travaux qui soient plus sujets à contrefaçon que les peintures, et aucune précaution ne devra être négligée pour se mettre en garde contre de mauvaises fournitures.

Achat des couleurs.

Les couleurs s'achètent dans le commerce toutes broyées. Le broyage doit être fait à l'huile de lin, et c'est une opération importante de laquelle dépend en partie la qualité des couleurs. Mais elle est délicate et ne peut être faite que par des industriels, car elle exige un outillage spécial et une certaine habileté professionnelle. Les couleurs sont donc des produits fabriqués faciles à falsifier. et dont la fraude est d'autant plus rémunératrice qu'elles sont plus fines et vendues plus cher. C'est pour ce motif, joint aussi à la raison économique, qu'il y a lieu de n'exécuter en grand que des peintures dans les tons foncés indiqués ci-dessus, et qui n'exigent que des ocres ou des couleurs communes, dont le prix peu élevé est une certaine garantie contre la fraude. Et cependant, les ocres rouges sont parfois mélangés à du chlorure de chaux qui en augmente le poids et la beauté extérieure au détriment du pouvoir colorant. Contre de tels artifices, on ne peut que recommander aux corps de s'adresser à des maisons sérieuses offrant toute garantie pour l'achat des quelques variétés de couleurs dont ils peuvent avoir besoin et qui se résument d'ailleurs aux suivantes : céruse, blanc de zinc, ocre jaune, ocre rouge, noir léger de Paris, vert en grains, minium.

Achat de l'huile et de l'essence.

Les couleurs, pour être transformées en peintures, doivent être délayées dans un mélange d'huile de lin et d'essence de térébenthine. Cette opération, appelée détrempe, se fait à l'aide d'un pinceau dans un vase cylindrique en tôle ou en fer-blanc que l'on nomme camion. Elle ne présente aucune difficulté ; mais, pour avoir de la bonne peinture, il est essentiel que l'huile et l'essence soient de bonne qualité. A ce point de vue, il est difficile de donner des caractères précis permettant d'apprécier la qualité d'une huile ou d'une essence. Les praticiens recommandent une huile claire, d'un blanc verdâtre, inodore, très amère au goût et onctueuse au toucher. Mais ce sont là des caractères généraux qui n'ont de valeur que s'ils sont contrôlés par l'expérience et l'habitude. Encore se trompe-t-on souvent. Ce qui est sûr, c'est qu'une cause fréquente et sérieuse de la détérioration de l'essence de térébenthine et des huiles siccatives, comme l'huile de lin, est l'évaporation au contact de l'air et le séjour prolongé dans des fûts en vidange. Par conséquent, il semble que la meilleure pratique à suivre consiste à s'adresser, comme pour l'achat des couleurs, à des maisons sérieuses et à se faire livrer, en fûts bien hermétiquement fermés et en faibles quantités à la fois, l'huile et l'essence. En prenant ensuite toutes précautions pour éviter l'évaporation et le contact de l'air, on aura vraisemblablement des produits de bonne qualité.

Préparation des peintures. — Couche d'impression.

Pour préparer les peintures, on délaye les couleurs broyées du commerce dans un camion contenant un mélange d'huile de lin et d'essence de térébenthine. Le délayage se fait au pinceau, et au moment d'appliquer la peinture on y ajoute, ainsi qu'il sera expliqué plus loin, une dose plus ou moins forte de siccatif.

Dans la préparation des peintures deux cas sont à considérer : celui de la peinture en première couche dite couche d'impression, et celui de la peinture en deuxième et troisième couches dites couches de fond.

Pour la couche d'impression il y a lieu de tenir compte qu'elle doit être exclusivement une sorte de préparation de l'objet à peindre et non une préparation du ton final. Aussi le ton de la teinte importe-t-il peu, et ce qui doit guider dans le choix de la couleur, c'est sa solidité. En outre, s'il s'agit de menuiserie, la couche d'impression doit être composée de façon à faciliter le plus possible la pénétration de l'huile dans les pores du bois, et s'il s'agit d'un métal, fer, fonte ou acier, elle doit, par son adhérence spéciale, assurer celle des couches ultérieures.

C'est pour ce motif que les couches d'impression sur menuiserie doivent être maigres, c'est-à-dire peu chargées en couleur, et que la proportion d'essence doit y être plus forte que dans les couches de fond. L'essence, en effet, a la propriété de fixer la peinture sur les bois, de l'empêcher de couler, et, par suite, de faciliter la pénétration de l'huile dans les pores. D'où il résulte que pour les bois durs, comme le chêne, qui offrent une plus grande résistance à la pénétration de l'huile, il conviendra d'augmenter la proportion de l'essence, et à plus forte raison pour les métaux. Mais en même temps, comme il est nécessaire de ne pas avoir un liquide trop fluide, on épaissira légèrement la peinture en augmentant le poids de la couleur.

Quant à la nature des couleurs à employer pour la couche d'impression, celles recommandées comme étant les plus solides sont : la céruse, l'oxyde de zinc et le minium. Ce dernier est fort préconisé depuis quelque temps. Pour les métaux, il est même exclusivement employé, et avant de l'appliquer, il est indispensable de bien décaper le métal et de faire disparaître toutes traces d'anciennes peintures s'il s'agit d'une réfection.

Le minium est un oxyde de plomb d'un rouge vif, et comme il est d'un prix assez élevé, il sera prudent de se méfier d'un produit similaire, que l'on nomme improprement minium de fer, qui est meilleur marché mais qui n'a pas ses qualités. Il est d'ailleurs facile de le distinguer. Le minium de fer est d'un rouge brun et cette différence de couleur est encore plus accentuée dans la teinte des peintures que l'on obtient avec l'un ou l'autre de ces produits. En outre, le minium de plomb pèse environ 10 kilogrammes le litre, et le minium de fer de 6 à 7 kilogrammes.

Voici, à titre d'indication, les compositions d'une couche d'impression pour sapin, chêne et fer, siccatif non compris :

		Kil.
	Huile de lin	0,375
Sapin.	Essence de térébenthine	0,275
	Céruse, oxyde de zinc ou minium	0,350
	Total	1,000

	Huile de lin	0,300
Chêne.	Essence de térébenthine	0,300
	Céruse, oxyde de zinc ou minium	0,400
	Total.	1,000

	Huile de lin	0,150
Métal.	Essence de térébenthine	0,200
	Minium	0,650
	Total.	1,000

Peinture en 2ᵉ et 3ᵉ couches.

La composition des peintures en deuxième et troisième couches est faite en vue du ton final à obtenir, et comme ce dernier n'a d'autre règle que le sentiment, il en résulte que cette composition est essentiellement variable, du moins en ce qui concerne les couleurs. Quant au mélange d'huile et d'essence, par suite de la couche d'impression, sa composition doit être indépendante de la nature de l'objet à peindre, mais elle diffère suivant les conditions atmosphériques dans lesquelles cet objet se trouve, et suivant les propriétés chimiques des couleurs. C'est ainsi que les peintures extérieures doivent être plus riches en huile que les peintures intérieures, et que la troisième couche doit en contenir également une proportion plus forte que la seconde. De même aussi les peintures claires, à base de céruse ou d'oxyde de zinc, qui ont des propriétés siccatives, doivent être plus chargées en huile que les peintures à ton foncé à base d'ocre.

Voici encore, à titre d'indication, des exemples de composition de peintures intérieures en deuxième et troisième couches, siccatif non compris :

Couleur marron foncé à base d'ocre.

		KIL.
	Huile de lin	0,240
2ᵉ couche,	Essence de térébenthine	0,160
chêne et sapin.	Ocre rouge	0,590
	Noir léger de Paris	0,010
	Total.	1,000

	Huile de lin	0,360
3ᵉ couche,	Essence de térébenthine	0,090
chêne et sapin.	Ocre rouge	0,540
	Noir léger de Paris	0,010
	Total.	1,000

Couleur vert olive foncé.

	Huile de lin	0,240
2ᵉ couche,	Essence de térébenthine	0,160
chêne et sapin.	Ocre jaune	0,590
	Noir léger de Paris	0,010
	Total.	1,000

<table>
<tr><td rowspan="4">3ᵉ couche,
chêne et sapin.</td><td>Huile de lin</td><td>0,360</td></tr>
<tr><td>Essence de térébenthine</td><td>0.090</td></tr>
<tr><td>Ocre jaune</td><td>0,450</td></tr>
<tr><td>Vert en grains</td><td>0,100</td></tr>
<tr><td></td><td align="right">Total</td><td>1,000</td></tr>
</table>

Couleur gris blanc à base d'oxyde de zinc.

<table>
<tr><td rowspan="4">2ᵉ et 3ᵉ couche,
chêne et sapin.</td><td>Huile de lin</td><td>0.400</td></tr>
<tr><td>Essence de térébenthine</td><td>0,075</td></tr>
<tr><td>Blanc de zinc</td><td>0,523</td></tr>
<tr><td>Noir léger de Paris</td><td>0.002</td></tr>
<tr><td></td><td align="right">Total</td><td>1,000</td></tr>
</table>

Couleur noire.

<table>
<tr><td rowspan="2">Pour métaux
en 2ᵉ et 3ᵉ couche.</td><td>Huile de lin</td><td>0.675</td></tr>
<tr><td>Noir léger de Paris</td><td>0.325</td></tr>
<tr><td></td><td align="right">Total</td><td>1,000</td></tr>
</table>

La comparaison des chiffres ci-dessus montre que pour les couches de fond à ton foncé on peut admettre pour l'huile et l'essence les proportions relatives suivantes :

Deuxième couche : huile 3/5, essence 2/5 ;
Troisième couche : huile 4/5, essence 1/5.

Pour les teintes claires la proportion doit être la même pour les deux couches et elle se rapproche sensiblement de celle des troisièmes couches à ton foncé : huile 4/5, essence 1/5.

S'il s'agissait de peintures extérieures, on pourrait adopter les proportions suivantes :

Deuxième couche : huile 2/3, essence 1/3 ;
Troisième couche : huile 5/6, essence 1/6.

Mais il est bien entendu que, dans toutes ces compositions, l'huile supposée employée est de l'huile ordinaire et non de l'huile cuite, c'est-à-dire de l'huile bouillie avec de la litharge ou de l'oxyde de zinc. Si l'on employait l'huile à cet état il conviendrait d'en diminuer la proportion, mais il est préférable pour les corps de n'employer que de l'huile ordinaire, l'huile cuite étant plus délicate à manipuler.

Emploi des siccatifs.

Lorsque l'on veut accélérer le séchage des peintures, on emploie des produits spéciaux appelés siccatifs et qui sont pour la plupart à base de litharge ou de manganèse. Il existe dans le commerce un grand nombre de marques de ces produits, on s'adressera au service du génie pour connaître les meilleures. Les siccatifs s'emploient à l'état liquide pour les teintes foncées et en poudre pour les teintes claires. La quantité à mélanger avec la couleur varie avec la rapidité de séchage que l'on veut obtenir ; mais il convient de ne les employer en général qu'à faible dose, 4 à 5 p. 100 au maximum du poids de la peinture. Pour les teintes claires, à base de céruse ou d'oxyde de zinc, la proportion devra être abaissée à 1 p. 100, ces substances étant par elles-mêmes siccatives.

Le siccatif ne doit être versé dans la peinture qu'au moment de l'employer, car autrement elle ne tarderait pas à épaissir.

Peintures sur mur.

Les corps de troupe peuvent avoir à exécuter des peintures sur mur, soit pour l'entretien de peintures existantes, soit pour la confection de peintures neuves. Dans ce dernier cas, il doit être entendu qu'on ne peut les faire que sur des enduits en plâtre.

D'une façon générale, on procède pour les peintures sur enduit comme pour les peintures sur menuiserie. Les lavages et les lessivages se font comme il a été expliqué et avec les mêmes précautions. S'il s'agit d'une réfection, on commence par un lessivage complet des peintures anciennes, on applique ensuite, s'il est nécessaire, une couche d'impression, on fait un rebouchage au mastic à la céruse, puis on applique les couches de fond.

S'il s'agit de peintures neuves, on exécute d'abord la couche d'impression qui se donne à l'huile bouillante pure. Elle doit être appliquée lentement, de façon à bien saturer le plâtre, afin qu'il n'absorbe pas la peinture des couches ultérieures, ce qui produirait des tons inégaux. Si la porosité de l'enduit l'exigeait, on passerait une seconde couche d'huile bouillante.

Après la couche d'impression, on procédera au rebouchage au mastic à la céruse de tous les trous et fissures, puis à l'application des couches de fond. Ces dernières seront préparées en vue de la teinte finale, généralement à ton clair, blanc gris, vert ou jaune.

Pour les peintures sur enduit, la proportion d'huile doit être plus forte que pour les peintures sur menuiserie, et, à l'inverse de celles-ci, elle doit aller en diminuant de la couche d'impression à la dernière couche de fond.

Voici, à titre d'indication, une proportion assez généralement employée :

Couche d'impression : huile bouillante pure ;

Première couche de fond : huile 9/10, essence de térébenthine 1/10 ;

Deuxième couche de fond : huile 1/2, essence de térébenthine 1/2.

Si l'on jugeait à propos d'appliquer une troisième couche de fond, elle aurait la même composition que la deuxième.

Quant à la teinte finale, le mieux sera d'en arrêter le ton par tâtonnement, à l'aide d'une ou plusieurs des couleurs suivantes : blanc de zinc, ocre rouge, ocre jaune, noir léger de Paris, vert en grains. La proportion de siccatif à mélanger à la peinture variera entre 1 et 2 p. 100.

Des vernis.

L'application d'une couche de vernis sur une peinture a pour effet de la protéger contre l'action des agents atmosphériques, de lui conserver sa fraîcheur sous un enduit mince et transparent, de donner peu d'adhérence aux poussières et aux miasmes, de faciliter les lavages et les lessivages. Le vernis offre donc un avantage indiscutable, mais son application est une opération délicate qui ne peut être faite que par un peintre expérimenté et qui, de plus, est assez coûteuse. Elle ne rentre donc pas dans la catégorie des travaux courants susceptibles d'être exécutés par les corps, et ce n'est qu'exceptionnellement qu'elle devra être tentée. Sous cette réserve, les précautions à prendre pour l'application d'une couche de vernis seront les suivantes : comme il ne s'agit que de travaux intérieurs, le vernis à employer sera toujours un vernis à l'alcool que l'on achète tout préparé dans le commerce. Il faudra avoir soin de le maintenir bien bouché et à l'abri de l'humidité. Le récipient dans lequel on le versera pour l'appliquer devra être de préférence un vase en terre vernissé bien sec, et on n'en versera que la quantité strictement nécessaire à l'opération que l'on veut faire.

Avant l'application, les murs seront soigneusement lessivés, puis lavés de façon à faire disparaître toute trace graisseuse, et on attendra, avant de commencer, qu'ils soient rigoureusement secs.

Une chaleur modérée est favorable au vernis à l'alcool, le froid, au contraire, peut le saisir ; il se forme alors des grumeaux et il perd une partie de son poli. Par conséquent, si l'on opère en hiver, par des froids rigoureux, il sera indispensable de chauffer les pièces, et, pendant toute la durée de l'opération, on devra éviter les dépôts de poussières. L'application se fera à l'aide d'un pinceau en poils fins de blaireau ou de soie ayant la forme d'une patte d'oie, et si on vernit à deux couches, la seconde couche ne devra être appliquée que lorsque la première sera parfaitement sèche, ce qu'on reconnaîtra quand elle ne sera pas rayée par l'ongle.

Exceptionnellement, si l'on avait à faire une application de vernis à l'extérieur, on opérerait de la même façon, mais alors on ferait usage d'un vernis gras à base d'huile et que l'on trouve également préparé dans le commerce.

Application des peintures.

L'application des peintures exige, pour être faite d'une façon judicieuse, une certaine habileté professionnelle, mais qui peut en somme s'acquérir assez vite. Une première précaution à prendre, c'est d'agiter souvent la peinture dans le camion, en roulant le pinceau entre les mains, autrement, les matières se déposent par ordre de densité et l'on n'obtient plus l'uniformité de ton. Si la peinture s'épaissit, si elle file au pinceau, on lui rendra sa fluidité en y ajoutant une certaine quantité d'huile et d'essence. A ce sujet, on rappelle que le siccatif ne doit être versé qu'au dernier moment. L'application sur menuiserie ou enduit se fait à l'aide de pinceaux de grosseurs différentes : petits pour les parties moulurées, plus gros pour les parties unies. On ne doit prendre avec les pinceaux qu'une faible quantité de peinture à la fois, et on l'applique sur les menuiseries en passant le pinceau dans le sens des fibres du bois. On doit éviter les marques et les stries du pinceau et ne passer une couche que lorsque la précédente est bien sèche.

Pour les vernis à l'alcool, il faut opérer rapidement, couvrir d'un seul coup et éviter de repasser ou de croiser les coups de pinceau. La couche doit avoir au plus l'épaisseur d'une feuille de papier, et, si le vernis épaissit, on y ajoute une certaine quantité d'alcool rectifié. Les pinceaux doivent toujours être parfaitement propres, et, une fois l'opération terminée, on ne doit pas oublier de les laver.

Conservation des couleurs broyées et des peintures liquides ; poids moyen au mètre superficiel.

Les couleurs broyées à l'huile se conservent assez facilement, surtout si on a la précaution de les soustraire au contact de l'air en les tenant dans des récipients fermés, et en recouvrant d'une mince couche d'huile les couleurs terreuses, comme les ocres, et d'un peu d'eau les couleurs minérales, comme la céruse. Pour le blanc de zinc, il est préférable d'égaliser simplement la surface et de la recouvrir d'une feuille de papier. Mais il n'en est pas de même des peintures liquides préparées pour être appliquées. Au bout d'un temps assez court, elles épaississent, se détériorent en partie et changent de ton. Il convient donc de n'en préparer que la quantité que l'on peut employer pour l'objet à peindre. A ce sujet, voici des poids moyens généralement admis et qui peuvent guider pour la quantité à préparer :

PEINTURE BLANCHE A LA CÉRUSE.

Couche d'impression.... 0 kil. 600 pour 4^{m²}, soit 0 kil. 150 par mètre carré.
2e couche............. 0 kil. 550   —   — 0 kil. 135   —
3e couche............. 0 kil. 500   —   — 0 kil. 125   —

Peinture au blanc de zinc.

Couche d'impression............ 0 kil. 130 par mètre carré et par couche.
Couche de fond, 2ᵉ ou 3ᵉ........ 0 kil. 115

Pour les peintures à base d'ocre, les poids sont sensiblement les mêmes que pour celles au blanc de zinc.

Il résulte de la comparaison des poids ci-dessus que, pour les peintures blanches, celles à base d'oxyde de zinc sont plus couvrantes que celles à base de céruse, c'est-à-dire qu'il en faut un poids moindre au mètre superficiel. Cet avantage compense le prix du blanc de zinc, qui est plus élevé que celui de la céruse. Et, comme l'oxyde de zinc n'a pas les défauts toxiques de cette dernière, il conviendra de le préférer pour tous les travaux courants de peinture qui incombent au corps, et dans lesquels il peut être fait usage de la céruse.

Article V. — FUMISTERIE.

Matériel de chauffage. — Pose et dépose, nettoyage intérieur et extérieur des poêles et de leurs tuyaux.

Le matériel de chauffage des casernes ne doit séjourner dans les chambres que pendant la durée des périodes d'allocation de combustible. En dehors de cette période, il doit être remisé dans un magasin.

Aux époques fixées pour ces allocations par le règlement sur le chauffage, l'officier de casernement distribue à chaque unité le nombre de poêles qui lui est affecté, et chaque poêle doit être pourvu des accessoires suivants : une plaque de dessous de poêle, une caisse à charbon, une pelle, un tisonnier et une longueur suffisante de tuyaux.

Dans les locaux dallés ou carrelés, les plaques peuvent à la rigueur être supprimées, bien qu'elles facilitent la propreté du sol aux alentours du poêle; mais, dans toutes les pièces parquetées, il est indispensable de faire reposer le poêle sur une plaque, afin d'éviter les chances d'incendie et la détérioration des planchers. Ces plaques, de forme carrée, de 0ᵐ,70 de côté environ, peuvent être en tôle ou en fonte. Les plaques en pierre, quelquefois employées, sont lourdes à transporter, se brisent et doivent être abandonnées.

Les tuyaux sont en tôle de 0ᵐ,001 d'épaisseur environ; leur diamètre est déterminé par celui de la buse de sortie de fumée du poêle. Ils s'emboîtent les uns dans les autres et sont mainte-

nus par des fils de fer fixés au mur ou au plafond. Ils s'engagent dans les gaines de cheminée par l'intermédiaire de man-
chons scellés au mur, ou de portes de ramonage percées d'une
ouverture circulaire.

En principe, il ne doit pas être percé de nouvelles ouvertures dans les murs.

Les poêles, plaques, pelles, tisonniers, tuyaux s'achètent dans
le commerce; les caisses à charbon sont construites d'après un
type réglementaire (voir Ameublement). Les poêles se font de
différents modèles; il conviendra, le plus souvent, d'adopter le
modèle en service ou de se conformer aux usages locaux.

Après le démontage, les poêles, avant d'être remisés en magasin, doivent être nettoyés avec soin. On enlève les escarbilles
qui pourraient être accrochées à l'intérieur, et l'on passe les poêles à la mine de plomb. Les tuyaux sont ramonés et passés également à la mine de plomb sur leur surface extérieure.

Article VI. — **AMEUBLEMENT.**

Qualités et défauts des bois

Les bois employés pour les travaux de menuiserie et en
particulier pour la confection des objets mobiliers doivent
être de bonne qualité, c'est-à-dire bien secs, débités depuis
trois ans au moins, à vives arêtes, sans aubier, bien sains,
sans nœuds vicieux ou sautés, gélivures, gerçures, roulures,
piqûres ni vermoulures.

Il est difficile de reconnaître si un bois est parfaitement sec
et encore plus de distinguer s'il est débité depuis trois ans ;
les bois courants du commerce remplissent rarement ces conditions. Pour être sûr de la siccité des bois, il n'existe pas d'autre
moyen que de constituer à l'avance et d'entretenir constamment un approvisionnement suffisant, afin de n'employer que
des bois ayant séjourné un certain temps en magasin. Malheureusement il semble difficile, pour les corps, d'avoir en magasin un approvisionnement de 4 à 5 mètres cubes, qui serait
nécessaire en général pour être sûr de n'employer que des
bois secs.

Pour conserver les bois dans de bonnes conditions, il importe de ne pas les empiler jointifs, mais de laisser entre
chaque pièce un vide de $0^m,15$ à $0^m,20$, et entre chaque rangée
horizontale des tasseaux de $0^m,04$ à $0^m,05$ d'épaisseur, pour
faciliter la circulation de l'air, et il est utile de changer de
temps à autre les surfaces en contact en modifiant l'engerbe-
ment. Il faut éviter aussi de faire reposer directement sur le
sol les bois de l'assise inférieure.

Les bois mis en œuvre doivent être débarrassés de tout aubier. L'aubier est la partie tendre que l'on trouve immédiatement en dessous de l'écorce dans les bois en grume ; c'est une partie qui n'est pas encore arrivée à maturité, qui s'altère facilement et peut compromettre la conservation du reste de la pièce. Dans les bois équarris ou débités à vives arêtes, il peut se trouver à la surface en couche plus ou moins épaisse suivant que le trait de scie a été donné plus ou moins près de l'écorce. On le distingue dans les bois durs, comme dans le chêne ou l'orme, à sa couleur blanche ou plus claire que le reste de la pièce, et à sa moins grande dureté. Dans les bois résineux, comme le sapin, il a une teinte bleuâtre très caractéristique.

On reconnaît qu'un bois est sain à plusieurs indices : en le frappant, il doit rendre un son clair ; un son mou indique toujours un bois qui est altéré. Si on le travaille au rabot, les copeaux doivent se maintenir longs et se rouler en frisons. Il se dégage en outre une légère odeur aromatique. Si les copeaux sont courts et restent droits, si l'odeur est plus ou moins fétide, c'est toujours l'indice d'un bois échauffé. Enfin, on peut procéder à l'expérience de la rupture.

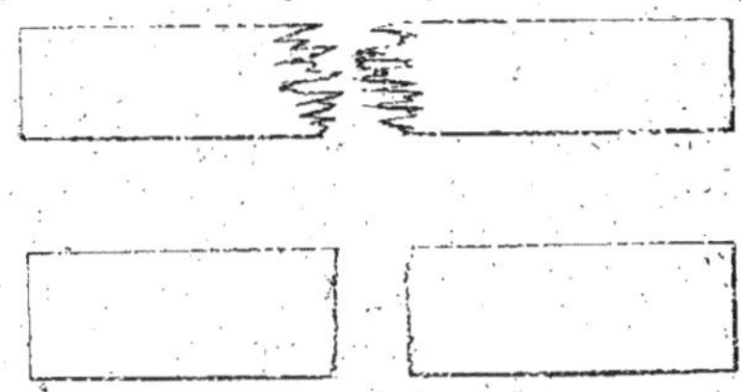

Elle consiste à briser par flexion une barre de faible équarrissage. Si la cassure présente des fibres ayant l'aspect d'aiguilles enchevêtrées, elle dénote de l'élasticité dans le bois. Si, au contraire, la cassure est franche, le bois est à rejeter, du moins pour les pièces qui ont à résister à des efforts sérieux.

Indépendamment de ces propriétés, qui tiennent à la contexture propre du bois, il existe encore d'autres défauts plus apparents et en quelque sorte plus matériels, qui sont susceptibles de les faire rejeter. Ce sont :

1° Les nœuds vicieux et les nœuds sautés. Les nœuds vicieux se reconnaissent à la couleur et au sondage. Leur couleur rappelle celle de l'écorce, et ils se laissent pénétrer facilement à une plus ou moins grande profondeur à l'aide d'un poinçon. En grattant, on en retire le plus souvent des parties vermoulues. Une pièce qui a un nœud vicieux doit être rejetée comme pièce de charpente, car en ce point la résistance est considérablement diminuée. Elle peut être acceptée

pour être débitée en bois de menuiserie si les autres parties
sont saines, et à la condition de ne pas utiliser les parties
voisines du nœud.

Les nœuds sautés se présentent surtout dans les planches
ou les frises sous forme de trous de $0^m,01$ à $0^m,02$ de diamètre.
Le sapin rouge est particulièrement sujet à ce genre de dé-
fectuosité. Elle ne compromet ni la solidité, ni la conservation du bois ; mais dans les ouvrages de menuiserie il est nécessaire de boucher ces trous par des chevilles, et une fourniture dans laquelle il s'en trouverait un trop grand nombre
devrait être rejetée.

2° Les gélivures sont des fentes rayonnantes longitudinales
allant du cœur du bois à la surface. Elles se traduisent dans
les bois débités par des fentes plus ou moins larges, qui les
rendent impropres aux ouvrages de menuiserie.

3° Les gerçures sont des fentes perpendiculaires à la direction des fibres. Si elles ne sont que superficielles, elles sont
de peu d'importance, car le rabotage les fera disparaître ; si,
au contraire, elles atteignent une certaine profondeur, on doit
rejeter la pièce.

4° Les roulures se présentent sous la forme d'une solution
de continuité entre deux couches concentriques, ou sous l'as-

pect d'un doublé aubier situé à l'intérieur du bois parfait.
Elles doivent toujours entraîner le rejet de la pièce.

5° Les piqûres ou vermoulures sont dues à l'attaque du bois
par les insectes et se manifestent par de petits trous remplis
de sciure. Les parties piquées ou vermoulues sont toujours à
rejeter.

Tous ces défauts doivent être examinés de très près quand
on achète des bois en grume ou grossièrement équarris, car
alors ils sont souvent peu apparents. Mais, dans les bois à
vives arêtes du commerce, ils sont assez rares, car le sciage
les fait toujours apparaître.

C'est donc sous la forme de bois à vives arêtes que les corps
de troupe doivent s'approvisionner ; ils s'épargneront d'ailleurs ainsi l'opération du sciage, qui exige, pour des pièces un
peu fortes, un outillage particulier.

Classification des bois et essences le plus généralement employés.

Les bois peuvent se diviser en trois classes : les bois durs, les bois résineux et les bois tendres.

Parmi les bois durs, le plus habituellement employé est le chêne, dont la densité est de 0,9. Il doit être choisi pour toutes les menuiseries extérieures et aussi pour celles qui ont à résister à des causes d'usure permanentes. Pour certains ouvrages spéciaux, comme les moyeux de roue, on emploie de préférence l'orme ; enfin, pour les objets d'ameublement, on fait souvent usage du hêtre, mais à la condition qu'il soit parfaitement sec, car en séchant il éprouve un retrait considérable.

Parmi les bois résineux, les essences employées sont le sapin rouge, le sapin jaune ou blanc, le pitchpin, le mélèze et le pin.

Le sapin rouge vient de Russie et de Norvège. C'est un excellent bois qui convient très bien pour les travaux de menuiserie. Il est plus dur et d'un plus bel aspect que le sapin jaune.

Le sapin jaune ou blanc, qui s'exploite sur les montagnes de France, est plus employé pour les travaux de charpente.

Le pitchpin, qui vient de la Floride, ressemble beaucoup au sapin rouge et lui est supérieur. Il est plus résistant et d'un aspect encore plus riche. Il convient admirablement pour les objets d'ameublement ; mais il est plus coûteux que le sapin rouge.

Le mélèze est un bois lourd, de couleur pâle, d'excellente qualité, mais assez rare en France.

Le pin est moins résistant et se conserve mal à l'air ; on ne doit l'utiliser que pour des ouvrages d'importance secondaire.

La densité moyenne des bois résineux est de 0,6.

On doit rejeter les bois de sapin provenant d'arbres qui ont été saignés pour en extraire la résine, car celle-ci est nécessaire pour que le bois ne s'altère pas à l'humidité, et elle contribue à sa résistance, ce qui est capital pour les bois de charpente.

Les bois de sapin rouge du Nord sont plus particulièrement soupçonnés d'être saignés ; malheureusement, il est difficile de reconnaître au simple aspect du bois s'il provient d'un arbre saigné. Des praticiens expérimentés pourraient seuls donner un conseil judicieux à ce sujet. Enfin, il convient de se méfier des bois de sapin d'origine étrangère, dont beaucoup sont infestés d'un champignon particulier (Merulius lacrymans) qui détruit, en l'espace de quelques années, des pièces de charpente même de fort équarrissage. Pour les ouvrages de menuiserie ce champignon est peu à redouter, car les bois sont généralement rabotés, exposés à l'air et le plus souvent recouverts de peinture. Néanmoins, on ne devra jamais négliger de se renseigner sur la provenance des bois achetés, car, s'ils étaient infestés du champignon, ils pourraient le communiquer aux pièces de charpente de l'établissement.

Les bois tendres ou bois blancs sont le peuplier, le tilleul, l'aune et le bouleau; mais le peuplier est à peu près le seul employé en menuiserie. C'est un bois léger de 0,4 à 0,5 de densité, qui se pique facilement, mais qui prend bien la peinture. Il convient peu pour des travaux de charpente, mais on peut l'utiliser pour des ouvrages de menuiserie intérieure devant être peints. Il jouit, en outre, de la propriété de se mâcher sous les chocs et de ne pas donner d'éclat. C'est pour ce motif qu'il est recherché pour la confection des bat-flanc et des stalles d'écurie.

En résumé, on peut dire que les bois presque exclusivement employés dans les constructions militaires sont le chêne, le sapin et le peuplier. Mais, dans certaines localités, il peut se trouver des essences particulières à la région et qui sont d'un usage courant. Les corps, en s'adressant au service local du génie, pourront obtenir tous renseignements utiles à ce sujet, et il leur sera généralement avantageux et commode de se faire constituer une série d'échantillons de bois de bonne qualité, et de chercher à s'en rapprocher le plus possible dans les achats.

Bois débités du commerce pour menuiserie.

Les bois de charpente font presque toujours l'objet de commandes particulières, et ils sont livrés à l'équarrissage et à la longueur prescrits. Pour les bois de menuiserie, il suffit généralement de s'en tenir aux dimensions des bois débités du commerce et qui sont les mêmes sur tous les marchés. Ces dimensions sont les suivantes :

Bois de chêne.

Feuillet	$\begin{cases} 0^m,013 \text{ sur } 0^m,23 \\ 0^m,020 \; - \; 0^m,23 \end{cases}$
Entrevous	$0^m,027 \; - \; 0^m,23$
Echantillons	$\begin{cases} 0^m,034 \; - \; 0^m,23 \\ 0^m,041 \; - \; 0^m,21 \end{cases}$
Doublette	$0^m,054 \; - \; 0^m,32$
Petit battant	$0^m,075 \; - \; 0^m,23$
Membrure	$0^m,08 \; - \; 0^m,16$
Gros battant	$0^m,11 \; - \; 0^m,32$
Chevron	$0^m,08 \; - \; 0^m,03$
Frises de chêne rainées pour parquet	$0^m,027 \; - \; 0^m,11$
Les mêmes rainées pour parquet	$0^m,034 \; - \; 0^m,11$

Bois de sapin.

Feuillet	$\begin{cases} 0^m,013 \text{ sur } 0^m,22 \\ 0^m,018 - 0^m,22 \end{cases}$
Planche	$\begin{cases} 0^m,027 - 0^m,22 \\ 0^m,034 - 0^m,22 \\ 0^m,041 - 0^m,22 \\ 0^m,054 - 0^m,22 \end{cases}$
Basting	$0^m,065 - 0^m,17$
Madrier	$\begin{cases} 0^m,08 - 0^m,23 \\ 0^m,11 - 0^m,23 \end{cases}$
Chevrons	$\begin{cases} 0^m,08 - 0^m,08 \\ 0^m,08 - 0^m,11 \end{cases}$
Frises de sapin pour parquet	$\begin{cases} 0^m,027 - 0^m,11 \\ 0^m,034 - 0^m,11 \end{cases}$

Dans la pratique, il ne sera nullement nécessaire de s'approvisionner de toutes ces diverses subdivisions. Il suffira, en général, d'acheter des planches de $0^m,027$ et de $0^m,034$ et du feuillet de $0^m,018$, qui sont d'un emploi particulièrement courant. Quant aux bois d'une autre épaisseur, il sera plus économique de les retirer par le sciage du madrier ou du basting.

Description des objets mobiliers.

Armoires individuelles dans les casernements des troupes montées.
(Circulaire du 27 janvier 1911, B. O., page 209.)

La circulaire du 30 mai 1901 (volume 48), relative aux principes à observer à l'avenir dans la construction ou la restauration des casernes, indique que, dans les dortoirs, chaque homme dispose d'une petite armoire pour le placement de ses effets.

Dans les casernements des troupes montées, ces armoires seront constituées en nombre égal à celui des places normales dans les dortoirs, au moyen de cloisonnement disposés entre les deux cours de planches à bagages existant actuellement.

Elles comprendront trois compartiments ayant pour profondeur la largeur des planches à bagages.

Le plus grand de $0^m,53$ de largeur et de $0^m,466$ de hauteur, sera réservé aux effets d'habillement.

Un second compartiment, de $0^m,38$ de largeur et de 0^m30 de hauteur, contiendra le linge réglementaire ou personnel; ses dimensions lui permettront de contenir à peu près le double du linge réglementaire. On pourra y placer aussi des képis.

Le troisième compartiment, de $0^m,38$ de largeur et de $0^m,154$ de hauteur, sera réservé aux objets rigoureusement personnels (effets de toilette, lettres, etc.).

Les armoires seront fermées au moyen d'une porte à deux vanteaux maintenus par un cadenas.

Les portes seront grillagées pour l'aération, et de façon à permettre qu'à tout instant les gradés puissent voir dans les deux premiers compartiments. Le troisième compartiment, normalement soustrait aux vues, deviendra visible lorsque les portes seront ouvertes pour une inspection.

Le cas échéant, la cuirasse et le casque seront placés sur la planche à bagages supérieure, suivant les dispositifs aujourd'hui réglementaires. Dans les quartiers où il n'est pas encore possible d'avoir de salles d'astiquage, on pourra déposer en outre les chaussures et les outils sur cette même planche.

Les châssis des portes et les cloisonnements intérieurs seront fixés comme il est indiqué au croquis ci-joint, afin qu'on puisse les enlever pour le nettoyage à fond et la désinfection.

Les dimensions intérieures des armoires portés audit croquis sont nécessaires pour permettre de recevoir tous les effets des hommes. D'autre part, l'écartement indiqué entre les armoires correspond à la distance de $0^m,80$ entre les lits, prescrite par la circulaire du 30 mai 1907 pour toutes les casernes à élever ou à réorganiser dans l'avenir.

Quand on installera de pareilles armoires dans des chambres où l'on est encore obligé de maintenir l'écartement de $0^m,50$, ce qui est le cas dans un grand nombre de casernes, l'intervalle entre les armoires devra être réduit à $0^m,23$.

Dans les quartiers existants, l'aménagement des planches à bagages en armoires individuelles fera l'objet d'inscriptions aux états sommaires de prévisions N.C.[2] et sera réalisé successivement, suivant l'ordre d'urgence, par prélèvement des crédits nécessaires sur le montant de la dotation annuelle desdits états.

Dans les quartiers neufs, l'établissement des armoires sera assuré au moyen des fonds destinés à la construction de ces quartiers.

Armoire-étagère pour sous-officier.

L'armoire-étagère pour sous-officier (feuille n° 1) se compose de deux planches placées l'une au-dessus de l'autre à $0^m,50$ de distance et réunies par un fond et deux planches latérales. Une moitié de l'intervalle est transformée en armoire par l'addition d'une autre planche latérale, d'un rayon intérieur et d'une porte à charnière fermant à cadenas ; l'autre moitié forme un casier ouvert sur le devant. La figure de la feuille n° 1 indique les positions relatives de ces diverses planches, qui sont simplement clouées les unes aux autres. Elles sont toutes en sapin de $0^m,033$ d'épaisseur, mais la partie ouvrante forme panneau de $0^m,018$ avec gorge sur l'arête d'encadrement, excepté aux angles. La profondeur est de $0^m,35$; la largeur hors œuvre, $1^m,30$. Une platine à crochets porte-souliers est vissée au-dessous de la planche inférieure, et deux

Utilisation des planches à bagages des troupes

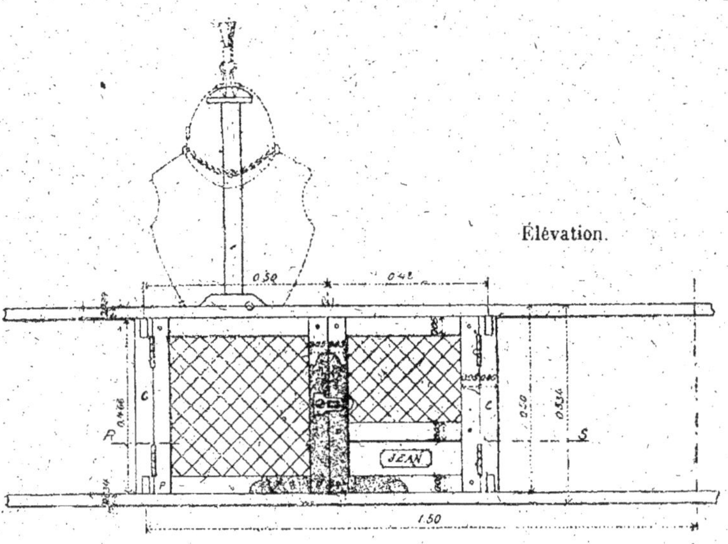

Coupe suivant *RS.*

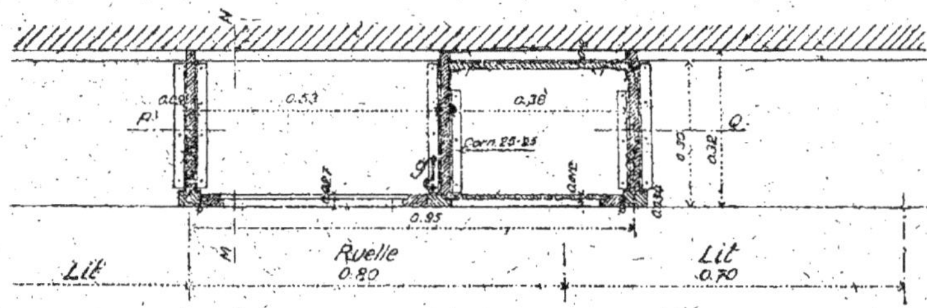

Coupe suivant *PQ.*

Coupe suivant *M N*.

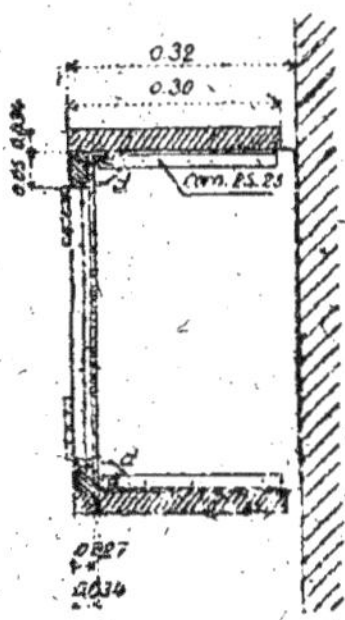

OBSERVATIONS.

Les planches *a a* qui séparent les différents compartiments, et *f f* qui constitue le fond de la case des effets personnels sont simplement glissées entre les cornières de 25×25 millimètres, de façon à permettre facilement le nettoyage.

Les tenons *d* collés et chevillés dans les extrémités des montants *c c* sont introduits entre les cornières *a a'* et fixés par un boulon dont l'écrou doit être placé à l'intérieur de l'armoire.

L'assemblage du tenon *d* avec le montant est consolidé par un petit étrier en fer feuillard fixé par des petites vis, qui coiffe l'extrémité du montant.

Les planches extrêmes sont entaillées pour laisser la place aux tenons *d*.

Un crochet *g* et un arrêt à ressort et mentonnet sont placés au bas et au haut du vantail de droite et assurent une solide fermeture de toute l'armoire.

Les charnières sont posées en feuillures, ainsi que les équerres dont sont garnis les cadres des portes.

Toute l'armoire est en sapin et peinte à l'huile en couleur assez claire; les parties plus fréquemment touchées que les autres sont plus foncées et limitées en forme de plaque de propreté.

L'intervalle des lits est supposé de 0^m,80; s'il était réduit 0^m,50, la case restant entre deux armoires voisines n'aurait plus que 0^m,23 de largeur au lieu de 0^m,53.

Détail muni d'un montant *C* muni de ses tenons *d*.

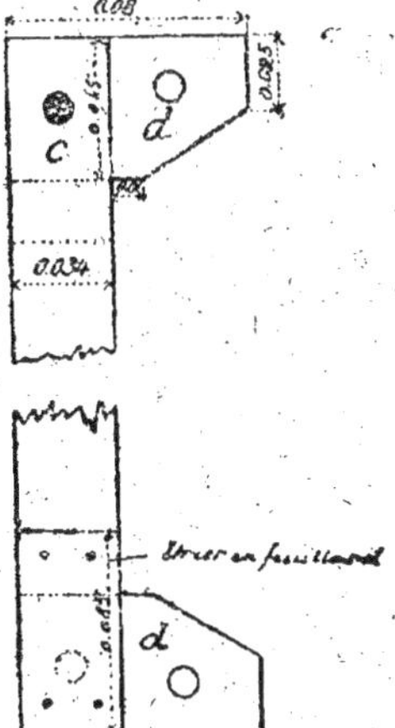

crochets porte-fourniments en fer laminé sont fixés, à l'aide d'un écrou encastré dans la paroi, sur chaque côté extérieur des planches latérales extrêmes et sur une même horizontale. L'armoire est accrochée au mur, à deux crochets scellés, à l'aide de deux platines de $0^m,003$ d'épaisseur, munies d'œilletons et vissées sur le champ des parois latérales. Elle repose en outre, en son milieu, sur une patte scellée au mur. La porte est ferrée à l'aide de deux paumelles à nœuds couchés posées avec entailles. Le meuble est peint en brun clair à l'huile à trois couches, les ferrures au minium, puis sur deux couches en noir à l'huile. Le cadenas est fourni par le sous-officier détenteur de l'armoire.

Armoire-bibliothèque.

L'armoire-bibliothèque pour salle d'école, infirmerie, salle de lecture des sous-officiers, pharmacie vétérinaire, a $2^m,20$ de hauteur, 1 mètre de largeur et $0^m,35$ de profondeur hors œuvre. Elle se compose (feuille n° 2) d'un bâti, d'une fonçure, de deux parois latérale et d'une porte à deux vantaux. Le bâti est formé de quatre montants de $0^m,065$ sur $0^m,032$ d'équarrissage, réunis haut et bas et deux à deux, par des traverses de même épaisseur et de $0^m,100$ de hauteur, à l'exception de la traverse supérieure de devant, qui a $0^m,130$ et porte la feuillure dans laquelle vient battre la porte. Ces traverses et ces montants sont assemblés entre eux à tenon et mortaise.

A la partie supérieure, on rapporte contre les traverses latérales et la traverse de devant, une moulure formant corniche, et à la partie inférieure, sur les traverses correspondantes, une plinthe avec quart de rond supérieur. La fonçure et les parois latérales sont en planches de $0^m,018$ d'épaisseur, assemblées à rainures et languettes et engagées de $0^m,015$ dans des rainures de $0^m,018$ de largeur ménagées dans les montants. Des tasseaux moulurés (a) sont cloués dans les angles extérieurs à la jonction des côtés latéraux et des montants. La porte est à deux vantaux, vitrés à la partie supérieure, et à panneaux dans la partie inférieure. Le cadre de ces vantaux a $0^m,060$ de largeur sur $0^m,025$ d'épaisseur; les panneaux ont $0^m,018$ d'épaisseur. Une moulure est poussée sur le pourtour intérieur du cadre.

Le dessus de la bibliothèque est en planches de $0^m,018$, assemblées à rainures et languettes et encastrées dans les feuillures ménagées dans les traverses supérieures latérales; la tablette inférieure est en planches de même épaisseur et repose sur des tasseaux de $0^m,025/0^m,025$. Les rayons intermédiaires ont $0^m,027$ d'épaisseur; ils sont supportés par des tasseaux de $0^m,025/0^m,025$, reposant eux-mêmes sur des crémaillères clouées sur les montants. La bibliothèque est entièrement en sapin blanchi sur toutes faces; chaque vantail de la porte est ferré sur les montants à l'aide de trois paumelles de $0^m,11$ de hauteur; la fermeture est une serrure à crémone. Si le bois employé est du pitchpin ou du sapin rouge de belle qualité, on en laissera les veines apparentes et on le passera à l'huile bouillante; dans le cas contraire, on peindra l'armoire en brun à l'huile à trois couches.

Armoire à médicaments pour infirmerie et pharmacie vétérinaire.

Les armoires à médicaments pour infirmerie et pharmacie vétérinaire (feuille n° 3) sont du même modèle que l'armoire-bibliothèque décrite ci-dessus, mais les dimensions sont augmentées et les vantaux de la porte sont à panneaux pleins. Ces armoires ont $2^m,20$ de hauteur, $1^m,45$ de largeur et $0^m,45$ de profondeur hors œuvre. Pour consolider le fond, on a ajouté au bâti un montant vertical et une traverse horizontale de $0^m,070$ sur $0^m,030$, assemblés entre eux et avec les autres pièces du bâti à tenon et mortaise. En outre, il est organisé, entre deux rayons consécutifs, un compartiment fermant à clef destiné à recevoir les poisons. Toutes les parties de ce compartiment sont en planches blanchies de $0^m,027$, clouées entre elles sur les parois et sur les rayons de l'armoire, et la porte, supposée enlevée dans le dessin, est ferrée à l'aide de deux charnières.

Anneaux de pansage.

Les anneaux de pansage et de mangeoire seront en fer doux de $0^m,01$ de section; ils auront $0^m,07$ de diamètre intérieur et porteront un piton à double pointe ou à tige taraudée, suivant qu'il devra être scellé au mur ou fixé à une pièce de charpente. Ils sont placés à 1 mètre du sol et $1^m,45$ d'axe en axe.

Appareil Renard.

L'appareil Renard (feuille n° 1) a pour but de permettre l'utilisation des gaines de cheminée comme gaine de ventilation dans les locaux où il n'existe pas de gaine de ventilation spéciale. Ce n'est donc pas un ventilateur proprement dit, et sa présence dans une gaine n'accélère nullement la ventilation. Il se compose d'une caisse en zinc scellée dans les parois de la gaine, complètement ouverte à l'arrière et fermée à l'avant par un rideau de soie protégé par un treillage en fil de fer. Le rideau, mobile autour du bord supérieur, se soulève sous l'action d'un courant ascendant et permet à l'air vicié de s'échapper ; s'il se produit un courant descendant, le rideau s'applique contre le cadre, ferme l'ouverture et empêche ainsi la fumée de pénétrer dans la chambre.

Appareil Castaing.

L'appareil Castaing consiste essentiellement (feuille n° 1) dans l'emploi de deux vitres parallèles : l'une d'elles est disposée dans la feuillure extérieure comme les vitres ordinaires, mais avec un vide de $0^m,04$ à $0^m,08$ de hauteur à la partie inférieure ; l'autre est placée dans une feuillure interne avec le même vide à la partie supérieure. Dans les croisées où elle n'existe pas, cette feuillure interne peut se faire facilement à l'aide d'un ciseau à bois, en transformant, sur une hauteur égale à celle de la vitre, la gorge quart de rond du cadre et du petit bois en un filet à angle droit. L'intervalle des deux vitres est de $0^m,01$ à $0^m,02$; elles sont fixées comme les vitres ordinaires.

L'appareil Castaing modifié diffère du précédent en ce que les deux vitres, au lieu de se croiser sur la plus grande partie de leur hauteur, se recouvrent sur une bande de $0^m,04$ à $0^m,05$ seulement. On diminue en conséquence la hauteur de la vitre intérieure.

Bancs de caserne.

Les bancs de caserne (feuille n° 1) sont entièrement en chêne. Le dessus a $1^m,50$ de longueur, $0^m,24$ de largeur et $0^m,054$ d'épaisseur. Les pieds ont $0^m,054$ sur $0^m,06$ d'équarrissage et $0^m,45$ de hauteur ; ils seront placés en retraite de $0^m,02$ sur les grands côtés et $0^m,20$ sur les bouts ; ils seront légèrement inclinés dans le sens transversal, et verticaux dans le sens longitudinal, réunis deux à deux par des traverses placées à $0^m,045$ du sol, reliées elles-mêmes entre elles par une traversée longitudinale. Toutes ces traverses auront les mêmes dimensions que les pieds.

Les assemblages seront à tenon et mortaise et soigneusement chevillés. La longueur du tenon sera égale à l'épaisseur des traverses. L'écartement des pieds hors œuvre dans la coupe transversale sera de $0^m,32$. Les arêtes supérieures des bancs seront légèrement arrondies et toutes les faces dressées et polies.

Bancs de réfectoire.

Les bancs de réfectoires (feuille n° 4) seront entièrement en sapin. Le dessus aura $0^m,24$ de largeur et $0^m,033$ d'épaisseur. La longueur pourra varier suivant les dimensions des réfectoires ; pour les chambres habituelles de 24 hommes, elle sera de

3 mètres. Les pieds, au nombre de six pour les bancs de cette longueur, auront 0^m,05 sur 0^m,03 d'équarrissage et 0^m,45 de hauteur.

Leur position par rapport au dessus du banc, leur inclinaison, la disposition des traverses, ainsi que tous les autres détails de construction, sont les mêmes que pour les bancs de caserne décrits ci-dessus. Toutefois, l'assemblage de la traverse longitudinale avec celle qui réunit les deux pieds du milieu sera à mi-bois et consolidé par un boulon.

Balai en crin pour magasins à munitions.

Les balais en crin pour magasins à munitions s'achètent dans le commerce; il n'existe pas de modèle réglementaire.

Baquet de propreté.

Les baquets de propreté dont on fait usage pendant la nuit dans les casernes et quartiers sont parfois en bois, mais le plus généralement métalliques. Dans l'un ou l'autre cas, la construction ne saurait en être faite par les corps. L'acquisition de ce matériel se fera donc dans le commerce en consultant au besoin le service du génie.

Bat-flanc.

Les bat-flanc (feuille n° 5) ont 0^m,054 d'épaisseur, 2^m,45 de longueur et 0^m,46 de largeur. Ils sont formés de deux madriers de peuplier rabotés sur les deux faces, assemblés l'un avec l'autre vers le milieu par une clef de chêne de 0^m,10 de longueur sur 0^m,05 de largeur, chevillée sur chaque madrier. Le madrier inférieur sera arrondi à chaque extrémité suivant un arc de 0^m,25 de rayon; le madrier supérieur sera échancré à chaque angle supérieur suivant un quart de cercle de 0^m,07 environ.

Les bat-flanc seront ferrés à l'aide de deux étriers en fer demi-rond de 0^m,015 d'épaisseur, 0^m,04 de largeur et 0^m,55 de longueur de branche. Le sommet de l'étrier sera forgé de manière à former un œil de 0^m,054 d'ouverture, le fer étant arrondi à 0^m,020 de diamètre; ces étriers seront inclinés comme l'indique le croquis et placés de façon que le bord extérieur de la boucle qui est au sommet soit dans le prolongement des bords du bat-flanc. Chacune des branches sera fixée à l'aide de quatre vis à bois de 0^m,06 de longueur, à tête fraisée. On aura soin de ne pas mettre les trous face à face.

La tranche supérieure des bat-flanc sera entièrement recouverte d'un fer demi-rond de 0^m,015 d'épaisseur et de 0^m,05 de largeur. Il sera fixé par sept vis à bois de 0^m,06, à tête fraisée. Les bat-flanc devront être symétriques, afin de pouvoir être retournés bout pour bout. Toutes les arêtes seront arrondies, les têtes de vis passées à la lime ; en un mot, il ne devra exister aucune aspérité susceptible de blesser les chevaux.

Adoption d'un nouveau mode de suspension des bat-flanc dans les écuries.
(Circulaire du 6 juillet 1911, B. O., page 843.)

Le mode actuel de suspension des bat-flanc dans les écuries présente un certain danger pour les chevaux qui peuvent s'écorcher, soit les membres, soit les naseaux, aux crochets de suspension. Il sera fait usage, à l'avenir, d'un mode de suspension qui ne présente plus cet inconvénient. Les croquis ci-annexés repré-

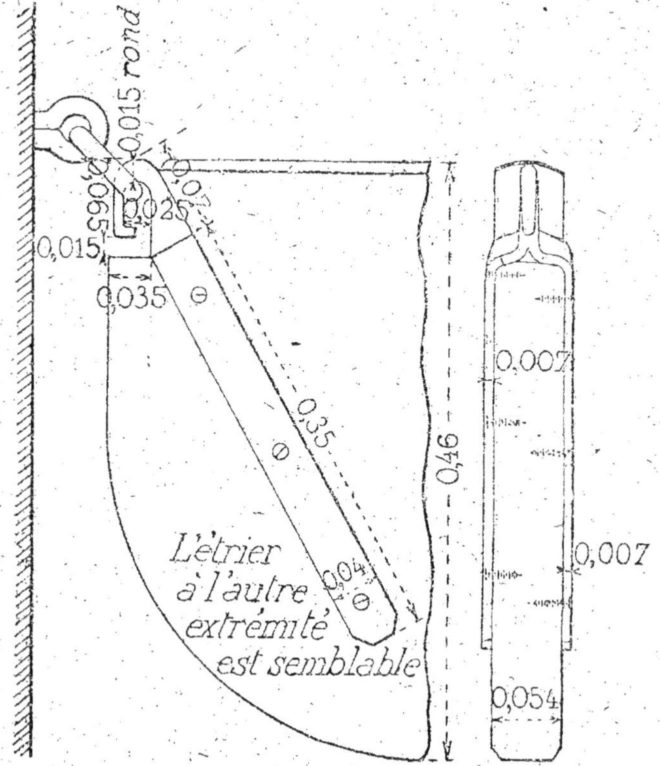

sentent ce dispositif, qui comprend des crochets fixés aux bat-flanc dans des évidements ménagés à cet effet, et des anneaux fixés au mur et à la chaîne d'attache.

La transformation des bat-flanc actuels, en bat-flanc du nouveau type, sera effectuée progressivement, par les soins et aux frais des corps, dès qu'une réparation deviendra nécessaire au dispositif de suspension existant.

Les bat-flanc neufs seront tous munis du nouveau dispositif. Les armatures porte-crochets devront être faites en métal susceptible de se souder par forgeage pour éviter qu'en cas de rupture du crochet, on ne soit obligé de remplacer l'armature tout entière.

Boîte aux lettres.

La boîte aux lettres peut être métallique ou en bois. Dans le premier cas, elle est achetée dans le commerce ; dans le second, elle peut être confectionnée par les corps.

Un modèle est représenté feuille n° 4. Il est entièrement en planches de chêne de 0ᵐ,020 d'épaisseur. Sa largeur hors œuvre est de 0ᵐ,25 ; la planche du fond a 0ᵐ,48 de hauteur, celle de devant 0ᵐ,38. Le dessus déborde cette dernière de 0ᵐ,06 et les côtés de 0ᵐ,03. La porte, de 0ᵐ,15 de hauteur, est ferrée à l'aide de deux charnières et d'une serrure ; le battement est formé d'un tasseau ou d'une cornière cloué ou vissé à l'intérieur. Au-dessus de l'arête supérieure de la porte, on a ménagé une fente de 0ᵐ,02 pour le passage des lettres. Le dessus de la boîte est simplement cloué ou vissé sur le fond et les côtés ; il est en outre fixé à ces derniers par deux équerres de 0ᵐ,08 de longueur de branche, entaillées et placées à l'intérieur. Les parois et la tablette de dessous sont assemblées entre elles à queue d'aronde, collées et clouées. La boîte aux lettres repose sur deux pattes scellées au mur, sur lesquelles elle est boulonnée, la tête de l'écrou à l'intérieur et entaillée. Elle est en outre maintenue de chaque côté par une patte scellée et boulonnée contre la paroi latérale, la tête de l'écrou étant aussi à l'intérieur de la boîte et entaillée. Enfin, la boîte est peinte à l'huile en blanc à trois couches à l'extérieur.

Brouettes à coffres avec roues cerclées en fer.

Les brouettes auront leur bâti en chêne ou en frêne, leur coffre en bois blanc et leur roue en bois d'orme

Le bâti se composera (feuille n° 5) :

1° De deux bras de 1ᵐ,66 de longueur sur 0ᵐ,06 de largeur et 0ᵐ,07 d'épaisseur, arrondis dans la partie antérieure, écartés dans œuvre de 0ᵐ,20 à une extrémité et de 0ᵐ,60 à l'autre. Ils sont reliés entre eux par trois entretoises de 0ᵐ,06 de largeur sur 0ᵐ,04 d'épaisseur, avec lesquelles ils s'assemblent à tenon et mortaise ;

2° De deux pieds de 0^m,31 de longueur sur 0^m06 de largeur et 0^m,05 d'épaisseur, assemblés à mi-bois sur les bras, auxquels ils sont reliés par deux boulons et par deux jambes de force de 0^m,03 d'équarrissage moyen. Ils sont réunis entre eux par une traverse de 0^m,04 de largeur sur 0^m,03 d'épaisseur ;

3° D'un dossier formé d'une traverse supérieure de 0^m,58 de longueur sur 0^m,06 d'équarrissage, celle-ci étant reliée aux bras et à la dernière entretoise par quatre montants inclinés vers la roue et ayant chacun 0^m,37 de longueur sur 0^m,04 d'équarrissage ; ledit dossier sera soutenu par deux arcs-boutants en jambe de force de 0^m,03 d'équarrissage s'engageant dans les bras. Le coffre, en bois de 0^m,027 d'épaisseur brut à joints plats, et cloué sur le bâti avec des clous rivés se composera : 1° d'un fond de 0^m58 de longueur, sur 0^m,49 de largeur devant et 0^m,36 derrière ; 2° de deux joues de 0^m,57 de largeur sur 0^m,31 de hauteur ; 3° d'un dossier de 0^m,38 de largeur et de même hauteur que les joues ; 4° d'un devant de 0^m,12 de hauteur, cloué contre les joues et le fond et maintenu par deux taquets cloués sur les bras.

La roue aura 0^m,50 de diamètre avec un moyeu de 0^m,11 de diamètre au milieu et 0^m,09 aux extrémités, jante de 0^m,05 d'épaisseur, rais de 0^m,04 de largeur et 0^m,03 d'épaisseur, cercle en fer de 0^m,05 de largeur sur 0^m,006 d'épaisseur, frettes aux deux extrémités du moyeu de 0^m,016 de largeur sur 0^m,004 d'épaisseur, boulon à clavette servant d'essieu de 0^m,02 de diamètre.

Caisses à charbon.

Les caisses à charbon ont des dimensions variables suivant les régions : celles des régions froides ont 0^m,20 de profondeur, 0^m,25 de largeur sur 0^m,58 de longueur au fond, et 0^m,37 de largeur sur 0^m,70 de longueur à la partie supérieure; celles des régions tempérées et chaudes ont les mêmes dimensions en largeur et en profondeur, mais les longueurs sont diminuées de 0^m,08 et ont respectivement 0^m,62 et 0^m,54. La caisse à charbon qui est dessinée feuille n° 6 correspond à la région tempérée.

Les caisses peuvent être construites en chêne ou en sapin; dans les deux cas, les planches du coffrage ont 0^m,027 d'épaisseur, blanchies sur les deux faces. Elles sont assemblées entre elles à queue d'aronde et clouées. Les assemblages sont consolidés au moyen de quatre équerres en fer plat de 0^m,08 de longueur de branche et de 0^m,003 d'épaisseur, entaillées et vissées aux quatre angles supérieurs sur le champ des planches à l'aide de deux vis par branche.

On ménagera à la partie supérieure des petits côtés des ouvertures horizontales à arêtes arrondies, dans lesquelles on puisse facilement introduire les mains. Des tasseaux de 0^m,025 d'épaisseur et de 0^m,08 de largeur seront fixés au-dessous du fond au moyen de clous rivés.

Casiers pour registres.

Les casiers pour registres (planche n° 6) ont 1 mètre de longueur sur 0^m,56 de hauteur hors œuvre et 0^m,33 de profondeur. Ils sont divisés en six compartiments de 0^m,141 de largeur chacun.

Ils sont entièrement confectionnés en sapin blanchi et comportent : 1° un cadre formé de quatre planches de 0^m,027 d'épaisseur assemblées à queue d'aronde collées et clouées ; 2° de cinq planches de même largeur que le cadre et de 0^m,027 d'épaisseur séparant les compartiments. Ces planches s'emboîtent dans des rainures de 0^m,006 de profondeur pratiquées dans les tablettes supérieure et inférieure du cadre. Elles peuvent y être clouées. Deux platines en fer entaillées et vissées sur le champ des parois latérales servent à suspendre les casiers à deux crochets à scellement. Les casiers sont entièrement peints à l'huile à trois couches dans le ton général de l'ameublement.

Casiers à serviettes.

Les casiers à serviettes ont 0^m,28 de hauteur hors œuvre et 0^m,10 de profondeur. Comme les casiers pour registres, ils sont entièrement en sapin et construits de la même façon. Les planches du cadre ont 0^m,015 d'épaisseur, celles des compartiments 8 millimètres; leur largeur est variable, car ils sont divisés en autant de compartiments de 0^m,06 de largeur qu'il y a de sous-officiers. Ils sont aussi peints à l'huile à trois couches.

Casiers aux fers.

Les casiers aux fers (feuille n° 6) sont formés de planches de sapin de 0^m,14 de largeur et de 0^m,020 d'épaisseur, blanchies et encastrées à mi-bois, espacées verticalement de 0^m,20 d'axe en axe et horizontalement de 0^m,17.

Elles sont toutes clouées sur un panneau formé de planches de 0^m,020 d'épaisseur assemblées à rainure et languette. Comme les précédents, les casiers aux fers sont peints à trois couches, mais en noir. Ils sont fixés au mur à l'aide de pattes à scellement auxquelles ils sont vissés.

Chaîne d'attache.

Les chaînes d'attache pour chevaux ont 0^m,80 de longueur, y compris, à l'une des extrémités, un anneau brisé qui embrassera la barre d'attache, le long de laquelle il glissera, et, à l'autre extrémité, un T pour prendre l'anneau du licol. Elles peuvent être constituées soit par des maillons ordinaires, soit par des mailles tordues. Le poids de la chaîne devra être de 1 kil. 200 environ.

Chaînes de suspension de bat-flanc.

Les chaînes de suspension de bat-flanc sont formées : 1° d'une première chaîne, qui s'accroche par l'une de ses extrémités soit à la barre de suspension, soit au poteau de support des bat-flanc, et qui se termine à l'autre extrémité par un mécanisme particulier appelé sauterelle, qui est représenté feuille n° 5; 2° d'une seconde chaîne de $0^m,60$ de longueur environ, qui peut se fixer par l'une de ses extrémités à la précédente en engageant le crochet de la sauterelle dans le dernier ou l'un des derniers maillons, et qui se termine à son autre extrémité par un crochet ou un S auquel on peut suspendre le bat-flanc par l'intermédiaire de la boucle de l'étrier fixé à ce dernier. La sauterelle, dont la manœuvre est fort simple, permet de descendre très facilement le bat-flanc lorsqu'un cheval est embarré. Beaucoup d'autres dispositifs ont été imaginés et expérimentés; mais ils ne sont ni aussi simples ni aussi robustes et n'ont pas donné jusqu'à ce jour de résultats aussi satisfaisants.

Les deux parties de la chaîne de suspension peuvent être formées soit de maillons ordinaires, soit de petits câbles métalliques dont les extrémités seraient pourvues des organes nécessaires : crochet, boucle, sauterelle.

Les chaînes de suspension de bat-flanc ainsi que les chaînes d'attache peuvent être réparées par les ouvriers en fer des corps de troupe ; mais les chaînes neuves seront achetées dans le commerce et devront être conformes au modèle en service.

Chaises.

Les chaises seront foncées en paille et auront le bâti en noyer ou en frêne. Il n'y a pas de modèle réglementaire, et la confection ne saurait en être faite par les corps. On devra s'approvisionner dans le commerce et choisir un modèle courant conforme à celui en service.

Chantier pour magasin aux munitions.

Les chantiers pour magasin aux munitions peuvent être de simples poutrelles en chêne ou en sapin de $0^m,12$ sur $0^m,12$ d'équarrissage et de longueur variable suivant le magasin, sur lesquelles on fait reposer la première rangée des caisses à cartouches. Si l'on veut éviter tout écartement des poutrelles, on peut les réunir par des entretoises de même nature et de $0^m,08$ sur $0^m,08$ d'équarrissage, assemblées à tenon et mortaise et espacées de $1^m,50$ environ.

Chevalet pour tableau noir.

Les chevalets pour tableau noir (feuille n° 7) seront en chêne blanchi sur toutes les faces. Les bois qui les composent auront 60 millimètres sur 27 millimètres d'équarrissage et seront assemblés à tenon et mortaise. Le bâti est formé de deux montants de 2 mètres de longueur, réunis par deux traverses horizontales placées à $0^m,25$ de distance de chacune des extrémités. La longueur de la traverse inférieure entre les montants est de $0^m,80$, celle de la traverse supérieure $0^m,40$. L'arc-boutant a $1^m,80$ de longueur; il va s'amincissant de haut en bas et n'a plus à son extrémité inférieure que 40 millimètres de largeur. Il est assemblé à l'extrémité supérieure à une traverse horizontale, réunie elle-même à la traverse supérieure du bâti par deux paumelles. Deux crochets fixés aux montants maintiennent l'écartement de cet arc-boutant.

Des trous, espacés de $0^m,10$ d'axe en axe, sont percés dans les montants et peuvent recevoir des broches en fer sur lesquelles repose le tableau. Ces broches sont maintenues en place par deux clavettes attachées à deux chaînettes fixées aux montants.

Chevalet pour scier le bois.

Ces chevalets (feuille n° 6) seront en bois dur; ils se composeront de deux croix de Saint-André, dont les branches, qui seront assemblées à mi-bois, auront $0^m,76$ environ de longueur sur $0^m,38$ d'équarrissage. Les deux croix seront réunies en leur milieu par une traverse de $0^m,45$ de longueur sur $0^m,04$ de diamètre, dont le dessus sera à $0,^m34$ du sol. Les pieds seront réunis par deux traverses. L'écartement pour chaque croix sera de $0^m,48$ en haut et $0^m,60$ en bas.

Civière pour magasin à munitions.

Les civières pour magasins à munitions (feuille n° 7) peuvent être à fond de toile ou à fond de corde. Dans les deux cas, elles sont formées de deux bras en chêne ou en frêne de $1^m,80$ de longueur et de $0^m,080$ sur $0^m,050$ d'équarrissage, arrondis à chacune de leurs extrémités sur une longueur de $0^m,50$ environ. Ces deux bras, suivant les circonstances, peuvent être réunis par deux traverses de $0^m,050$ sur $0^m,030$ d'équarrissage, espa-

cées de $0^m,70$, assemblées à tenon et mortaise avec les bras,
dont l'écartement est de $0^m,45$ dans œuvre. La toile est clouée
sur les bras à l'aide de clous en cuivre et avec interposition d'un
galon en fil entre ceux-ci et la toile; la corde est disposée comme
il est indiqué sur le dessin.

Coffre à avoine.

Les coffres à avoine seront en chêne et auront hors œuvre
$1^m,80$ de longueur sur 1 mètre de largeur, $1^m,10$ de hauteur en
arrière et $0^m,80$ en avant.

Le bâti se compose de deux cadres latéraux réunis par des
traverses. Chacun de ces cadres est formé de deux montants
verticaux de $0^m,08$ sur $0^m,08$ d'équarrissage, d'une traverse
horizontale inférieure et d'une traverse supérieure brisée de
même équarrissage que les montants. Les cadres sont réunis :
sur le devant, par une traverse longitudinale inférieure de
$0^m,08$ sur $0^m,08$ et un plateau de $0^m,35$ de hauteur sur $0^m,054$
d'épaisseur, placé au milieu de la face; sur le derrière, par
une traverse longitudinale inférieure et une traverse supérieure parallèle de même équarrissage, $0^m,08$ sur $0^m,08$. Ces
deux dernières traverses sont elles-mêmes réunies par deux
montants verticaux de $0^m,08$ sur $0^m,054$. A l'aplomb de ces
montants, deux traverses horizontales de même équarrissage,
$0^m,08$ sur $0^m,054$, relient les deux traverses inférieures des
faces de devant et d'arrière. Toutes les pièces énumérées ci-
dessus sont assemblées entre elles à tenon et mortaise et chevillées; les traverses inférieures sont uniformément distantes
du sol de $0^m,08$.

Le coffrage est tout entier en planches de chêne de $0^m,027$
d'épaisseur, assemblées à rainures et languettes, aussi bien
pour les parties fixes que pour les parties mobiles. Les planches de la face d'arrière et celles des parois latérales sont encastrées à leurs extrémités dans des rainures de $0^m,015$ de
profondeur pratiquées dans les montants extrêmes; les planches de la face d'arrière sont en outre clouées sur les montants
intermédiaires.

Le dessus est composé de deux parties : l'une horizontale,
de $0^m,40$ de largeur, dont les planches sont clouées sur les
traverses : l'autre inclinée, réunie à la précédente par trois
pentures à charnières et pouvant se rabattre sur elle. Elle est
en outre munie d'une serrure à moraillon pour la fermeture
du coffre. Les pentures ont $0^m,080$ de largeur sur $0^m,007$
d'épaisseur et sont fixées à l'aide de boulons. Face à ces pentures sont clouées sur le dessous du coffrage des traverses de
$0^m,080$ sur $0^m,020$, sur lesquelles se fait le serrage des écrous.

Le devant sera formé de trois parties, savoir :

1° La partie du milieu, indiquée ci-dessus et qui est fixe;

2° La partie supérieure, de 0^m,25 de largeur, fixée par des pentures à charnières à la partie du milieu, sur laquelle elle peut se rabattre pour faciliter l'enlèvement de l'avoine ;

3° La partie inférieure, de 0^m,20 de largeur, également fixée au milieu par des pentures à charnières, et pouvant se relever pour le nettoyage du fond du coffre. Les pentures à charnières ci-dessus auront 0^m,050 de largeur sur 0^m,007 d'épaisseur ; elles seront fixées par des boulons, et les parties mobiles du devant seront maintenues fermées par deux crochets fixés sur les joues du coffre. Des tasseaux de 0^m,020 sur 0^m,020, cloués contre les montants, forment battement à l'intérieur. Le plancher du fond sera fait en planches de 0^m,041 d'épaisseur, blanchies sur une seule face, assemblées à rainures et languettes et clouées sur les traverses. Enfin, le tout est consolidé par des équerres de 0^m,035 de largeur sur 0^m,007 d'épaisseur, vissées sur les traverses et les pieds, aux quatre angles du bas et aux deux angles d'arrière du haut.

Il peut être utile quelquefois d'avoir le coffre divisé en deux compartiments égaux ; dans ce cas, on lui donne habituellement 2 mètres de longueur ; on le construit comme un coffre simple, puis on rapporte au milieu un panneau séparatif, que l'on cloue avec les parties fixes et le plancher. Le cadre de ce panneau épouse exactement le profil intérieur du coffre, et il est formé, comme les cadres latéraux, de deux montants verticaux, d'une traverse horizontale inférieure et d'une traverse supérieure brisée. Toutes ces pièces ont 0^m,080 sur 0^m,040 d'équarrissage et sont assemblées à tenon et mortaise. Le panneau est en planches de 0^m,027 assemblées à rainures et languettes encastrées sur tout le périmètre du cadre dans une rainure de 0^m,010 de profondeur. Bien entendu, les parties ouvrantes sont indépendantes pour chaque compartiment, et chacune d'elles est ferrée à l'aide de deux pentures à charnières du modèle décrit ci-dessus et ferrées de la même façon. Elles sont également maintenues fermées à l'aide de deux crochets.

Consoles en fonte pour planches à bagages et râteliers d'armes.

Les consoles en fonte pour planches à bagages et râteliers d'armes (feuille n°s 14 et 15) sont d'un modèle uniforme pour tous les casernements. Les grandes consoles ont 0^m,33 de longueur, 0^m,16 de base et pèsent 2 kil. 100 environ ; les petites consoles ont 0^m,18 de longueur, 0^m,16 de base et pèsent 1 kil. 100 environ ; les unes et les autres sont munies d'un petit talon de 0^m,005 à l'extrémité. La base est percée d'un trou pour le passage du crochet porte-console, et le corps d'un autre trou pour le passage d'un boulon à vis et à écrou. Le crochet est en fer avec talon à une extrémité ; il est à vis ou à

seulement suivant qu'il doit être scellé au mur ou venant sur
une traverse.

La console et son crochet sont peints au minium, puis en
noir à deux couches ; on les achète dans le commerce ou aux
usines.

Crochets divers.

Les crochets faisant partie de l'ameublement des corps de
troupe sont : les crochets porte-sabre ou porte-fourniment, la
platine à crochets porte-souliers, le crochet porte-musette, le
crochet porte-bride, le crochet porte-revolver, le crochet porte-
étiquette. Tous ces crochets sont en fer forgé, galvanisé ou
peints en noir et diffèrent peu dans les divers casernements.
Pour l'achat et la mise en place, on se conformera aux modèles en service et aux dispositions existantes dans la caserne.

Dame ronde.

La dame ronde (feuille n° 7) se compose d'un tronc de cône
en orme de 0^m,22 de hauteur environ et de 0^m,16 et 0^m,13 de
diamètre aux bases, et d'un manche en frêne de 0^m,70 de longueur et 0^m,03 environ de diamètre.

Demoiselle.

La demoiselle pour paveur (feuille n° 7) est formée d'un
tronc de cône en orme ou en chêne de 1^m,10 de hauteur, 0^m,16
de diamètre en bas et 0^m,10 en haut. L'extrémité inférieure
est emmanchée dans un cylindre en fonte de 0^m,24 de hauteur.
Elle est manœuvrée à l'aide de deux poignées disposées comme
il est indiqué sur le dessin. On peut s'en procurer dans le commerce.

Échelle ordinaire.

L'échelle ordinaire (feuille n° 9) est formée de montants en
bois de chêne, de frêne ou de sapin de 0^m,08 sur 0^m,06 d'équarrissage, et de rouleaux en chêne de 0^m,036 de diamètre espacés
de 0^m,25 d'axe en axe. Ils traversent les montants dans toute
leur épaisseur et sont solidement chevillés.

Échelle simple pour magasin de compagnie, escadron ou batterie.

L'échelle simple (feuille n° 9) se compose de deux montants
de 0^m,070 de largeur sur 0^m,027 d'épaisseur, espacés de 0^m,40
intérieurement. La longueur pourra varier entre 2 mètres et
2^m,50. Les marches auront 0^m,10 de largeur et 0^m,027 d'épaisseur ; elles seront espacées de 0^m,20, assemblées à tenon et
mortaise avec les montants, bien chevillées, et encaissées dans

zontalement dans ces derniers sur une profondeur de 0^m,005. L'écartement des montants sera en outre maintenu, suivant la longueur de l'échelle, par deux ou trois boulons en fer rond de 0^m,001 de diamètre. Les bois seront blanchis sur toutes les faces; les montants pourront être en chêne ou en sapin; mais les marches devront, autant que possible, être en chêne.

Echelle double pour magasin d'habillement.

L'échelle double (feuille n° 9) est formée d'une échelle simple en chêne de 2 mètres de longueur, dont les montants sont rapprochés à 0^m,30 à la partie supérieure et écartés à 0^m,60 à la partie inférieure, et qui s'emboîte dans un bâti constitué par deux jambettes de 0^m,06 sur 0^m,027, réunies par deux traverses horizontales de 0^m,66 de largeur sur 0^m,015 d'épaisseur. Ces traverses et les jambettes sont en chêne ou en frêne blanchi, assemblées à tenon et mortaise, et les montants sont réunis aux jambettes par un boulon en fer de 0^m,35 de longueur sur 0^m,01 de diamètre, dont le serrage est obtenu par un écrou à ailette.

L'écartement de l'échelle et du bâti est maintenu par un crochet rond et poli de 0^m,01 de diamètre fixé sur l'un des montants par l'intermédiaire d'une platine vissée et entaillée, et par un piton fixé de la même façon sur la jambette correspondante.

Égouttoirs pour gamelles.

Les égouttoirs pour gamelles (feuille n° 9) sont installés dans les laveries au-dessus des éviers et contre les autres murs contigus à l'évier. Il est facile de faire cette installation à l'aide de consoles en fer scellées et de liteaux en bois. Les consoles sont placées à 0^m,90 au-dessus du sol; elles ont 0^m,40 de longueur avec un retour d'équerre sur le devant de 0^m,15 à 0^m,20 de hauteur et un arc-boutant de renfort; le fer a 0^m,04 de largeur et 0^m,008 d'épaisseur. Contre le retour vertical est vissée sur entaille une planche de 0^m,020 d'épaisseur, et sur la console sont vissés des liteaux de 0^m,04 sur 0^m,027, espacés tant plein que vide. La planche et les liteaux seront en chêne; les consoles seront peintes au minium et en noir à deux couches.

Etablis d'armurier.

Les établis d'armurier (feuille n° 8) seront tout en chêne blanchi sur toutes les faces. Le dessus aura 2^m,20 de longueur, 0^m,55 de largeur, 0^m,80 de hauteur et 0^m,08 d'épaisseur. Il sera formé de deux madriers posés à joints plats, réunis par quatre clefs de 0^m,10 sur 0^m,05 et 0^m,02 d'épaisseur, noyées dans le bois, et maintenus par deux barres de 0^m,10 de largeur et de 0^m,04 d'épaisseur, placées à 0^m,40 des extrémités, encastrées de 0^m,02 dans les madriers et assemblées avec eux en queue d'aronde.

Les quatre pieds auront 0^m,08 d'équarrissage ; ils seront reliés : 1° par deux entretoises et une traverse de 0^m,08 de largeur sur 0^m,054 d'épaisseur, assemblées entre elles et avec les pieds à tenon et mortaise, et placées à 0^m,08 du sol ; 2° par quatre traverses supérieures de 0^m,10 de largeur sur 0^m,032 d'épaisseur, assemblées avec les pieds à tenon et mortaise, et placées à 0^m,02 en contre-bas de l'extrémité supérieure des pieds, lesquels seront encastrés de cette hauteur dans le dessus de la table.

La liaison du dessus de la table avec les pieds sera consolidée par quatre équerres en fer de 0^m,04 de largeur sur 0^m,01 d'épaisseur, entaillées et fixées chacune par quatre vis à tête carrée de 0^m,05 de longueur. Des tiroirs peuvent être placés en dessous du plateau selon les besoins.

Établis des tailleurs

Les établis des tailleurs ont des dimensions variables en longueur et largeur suivant les locaux, et, comme ils sont toujours installés près des fenêtres, leur hauteur dépendra aussi de celle des allèges, afin de ne pas condamner les croisées. Sous ces réserves. ils peuvent être construits de la façon suivante (feuille n° 12) ;

Le dessus est mobile et repose simplement sur des tréteaux ; il est en planches de chêne ou de sapin de 0^m,033 d'épaisseur et de 2 mètres de longueur, assemblées à rainures et languettes, blanchies sur les deux faces. L'assemblage est consolidé par deux barres de 0^m,08 sur 0^m,03, placées à 0^m,15 des extrémités, encastrées à queue d'aronde et clouées sur chaque planche.

Les tréteaux, en nombre variable, sont espacés de 1^m,50 environ d'axe en axe, et chacun d'eux est composé :

1° D'un chapeau de 1^m,80 de longueur et de 0^m,08 sur 0^m,041 d'équarrissage ;

2° De quatre pieds de 0^m,06 sur 0^m,034, assemblés à tenon et mortaise avec le chapeau ; les pieds sont inclinés seulement dans le sens transversal, ceux d'une même extrémité sont réunis dans le bas par une entretoise, et les entretoises le sont elles-mêmes par une traverse de 0^m,06 sur 0^m,03, placée à 0^m,10 du sol.

Ces différentes pièces sont assemblées entre elles et avec les pieds à tenon et mortaise ; l'entretoise a 0^m,25 de longueur entre les pieds.

Tous les bois du tréteau sont en chêne blanchi sur toutes les faces.

Étagères pour magasin d'habillement.

Les étagères pour magasin d'habillement (feuille n° 11) peuvent être simples ou doubles ; simples, elles ont 0^m,80 de largeur hors œuvre ; doubles, elles ont 1^m,60. Elles sont composées de bâtis et de rayons. Le bâti pour étagère simple comprend :

1° Deux montants verticaux de 0^m,10 sur 0^m,08 d'équarrissage ;

2° Quatre traverses horizontales espacées de 0^m,75 de dessus à dessus. Chacune de ces traverses est formée de deux planches moisées de 0^m,12 de hauteur sur 0^m,03 d'épaisseur, encastrées dans les montants de 0^m,015 et réunies avec eux par un boulon de 0^m,015 de diamètre.

Les montants et les moises sont en sapin blanchi sur toutes les faces.

Les bâtis pour étagères doubles sont construits de la même façon et avec des bois de même équarrissage ; mais chacun d'eux a trois montants espacés de 0^m,68 dans œuvre.

Les rayons pour étagères simples ou doubles sont en planches de sapin blanchies sur les deux faces, assemblées à joints plats et clouées sur les moises.

Il est entendu que le nombre de rayons n'est pas invariable et que, si besoin était, il pourrait être porté à cinq. Si les étagères sont adossées à un mur, le contreventement dans le sens longitudinal est assuré par des pattes scellées dans la maçonnerie et vissées sur les montants ; si elles sont placées au milieu de la pièce, on prolonge à l'une des extrémités au moins les rayons supérieurs jusqu'au mur, et on les fixe à celui-ci par des pattes scellées et vissées. On peut aussi, dans le cas où le prolongement du rayon supérieur présenterait quelque inconvénient, prolonger les montants des bâtis extrêmes jusqu'au plafond et les assembler avec les solives ou les poutres du plancher.

Enfin, si les étagères sont installées aux étages, il sera nécessaire de placer une semelle sous les pieds pour en répartir le poids sur une plus grande surface. A la rigueur, cette semelle pourrait être constituée par les moises inférieures ; mais il est préférable de maintenir celles-ci à une certaine distance du sol, afin de faciliter les balayages. Les semelles pourraient avoir 0^m,12 de largeur sur 0^m,10 de hauteur et seraient assemblées avec les montants à tenon et mortaise.

Escabeaux pour magasin d'habillement.

Les escabeaux pour magasin d'habillement (feuille n° 9) ont 1 mètre de hauteur, $0^m,70$ de largeur et cinq marches de $0^m,20$ de hauteur. Ils sont entièrement en chêne, blanchi sur toutes faces, et formés de deux cadres latéraux réunis entre eux par les marches et des traverses.

Chacun de ces cadres se compose :

1° De deux montants verticaux de $0^m,03$ sur $0^m,06$ d'équarrisage, espacés de $0^m,40$ hors œuvre, réunis haut et bas par deux traverses de $0^m,06$ sur $0^m,027$, et au milieu par une troisième traverse de $0^m,06$ sur $0^m,018$;

2° D'un limon à crémaillère de $0^m,027$ d'épaisseur, assemblé avec le montant et la traverse inférieure.

Toutes ces pièces sont assemblées à tenon et mortaise, et chevillées, et la liaison du limon avec la traverse est consolidée par une plate-bande en fer de $0^m,04$ de largeur sur $0^m,008$ d'épaisseur fixée par quatre vis.

Les deux cadres sont réunis : 1° haut et bas par deux traverses horizontales de $0^m,06$ sur $0^m,018$, clouées sur les montants; 2° par les marches et la plate-forme, clouées sur les limons, et les traverses latérales supérieures.

Les marches et la plate-forme ont $0^m,027$ d'épaisseur et débordent sur le devant et les côtés.

Des roulettes sont fixées à l'aide d'étriers en fer aux extrémités des montants et des limons.

Estrade pour salle d'école.

L'estrade pour salle d'école (feuille n° 12) a $1^m,50$ sur $1^m,60$ de côté; elle se compose d'un coffrage et d'un bâti. Le bâti est formé de deux cadres en sapin brut, comprenant chacun deux montants de $0^m,065$ sur $0^m,065$ d'équarrissage et une traverse supérieure de $0^m,110$ sur $0^m,065$ assemblée aux montants à tenon et mortaise. Le coffrage latéral et la plate-forme sont en planches de chêne de $0^m,027$ d'épaisseur, blanchies sur une face, assemblées à rainures et languettes clouées sur le bâti. Un rebord de $0^m,054$ de hauteur et de $0^m,013$ d'épaisseur est cloué sur une partie du périmètre de la plate-forme pour s'opposer au glissement dans le vide des pieds du fauteuil et du bureau. De chaque côté est adossée une marche de $0^m,75$ de longueur, $0^m,25$ de largeur et $0^m,18$ de hauteur, en planches de chêne de $0^m,027$ d'épaisseur, assemblées à rainures et languettes et clouées.

sur deux contre marches latérales et une contre-marche de devant en chêne de même épaisseur.

L'estrade et les marches peuvent être fixées au sol par des pattes entaillées, vissées ou scellées, suivant que l'aire est un plancher ou un dallage.

Fil galvanisé pour séchoir.

Les fils pour séchoir sont en fer galvanisé de $0^m,0034$ de diamètre et pèsent 7 kilogrammes les 100 mètres. En général, le fil de fer doit avoir une épaisseur bien uniforme, n'être ni aigre ni cassant, être bien résistant dans toute sa longueur.

Guérites carrées.

Les guérites (feuille n° 10) sont construites entièrement en chêne blanchi; elles ont 1 mètre de côté hors œuvre et 2 mètres de hauteur entre le plancher et la traverse supérieure. Elles se composent d'un bâti, d'un coffrage, d'une toiture et d'un plancher.

Le bâti est formé de quatre montants verticaux de $2^m,25$ de hauteur et de $0^m,08$ d'équarrissage, reliés entre eux haut et bas par quatre traverses horizontales et au milieu par trois autres traverses médianes. Les traverses inférieures ont même équarrissage que les montants; elles sont placées à $0^m,08$ de distance du sol, et trois d'entre elles, les deux latérales et celle du fond, sont munies d'une feuillure de $0^m,20$ de profondeur et de $0^m,27$ de largeur, pour recevoir les extrémités inférieures des planches de coffrage. Les traverses médianes et les traverses supérieures ont $0^m,08$ sur $0^m,053$ d'équarrissage; elles sont en retrait sur le parement extérieur des montants de l'épaisseur du coffrage, $0^m,027$. Ces onze traverses sont assemblées avec les montants à tenon et mortaise, et la liaison est consolidée aux angles par un nombre égal d'équerres en fer de $0^m,04$ de largeur sur $0^m,008$ d'épaisseur, entaillées et vissées. Les quatre équerres des angles inférieurs sont placées à l'extérieur de la guérite; les autres sont fixées à l'intérieur.

Le bâti est couronné sur la face de devant et sur la face de derrière de deux petites fermettes qui supportent la toiture. Chacune d'elles est composée d'un poinçon et de deux arbalétriers. Les poinçons, de $0^m,08$ sur $0^m,053$ d'équarrissage, sont assemblés avec les traverses correspondantes et le faîtage à tenon et mortaise; les arbalétriers, de $0^m,04$ sur $0^m,04$, sont cloués sur le faîtage et les sablières. Celles-ci sont clouées sur les traverses latérales et les débordent de $0^m,10$; elles ont, ainsi que les faîtages, $0^m,08$ sur $0^m,08$ d'équarrissage, délardement non compris.

Le coffrage de fond et des parois latérales est en planches de 0^m,027 d'épaisseur, assemblées à rainures et languettes, clouées sur les trois cours de traverses, les extrémités inférieures logées dans les feuillures indiquées ci-dessus. Les planches du fond sont prolongées jusqu'à la toiture; le pignon de devant est en planches de même épaisseur clouées sur les arbalétriers et la traverse supérieure, qu'elles affleurent en dessous.

La toiture est à deux pans et constituée, comme le coffrage, en planches de chêne de 0^m,027, assemblées à rainures et languettes, clouées sur le faîtage et les sablières; elle déborde de 0^m,10 les faces latérales et les pignons.

Le plancher est en planches de 0^m,041 d'épaisseur, assemblées à rainures et languettes, blanchies sur une face seulement. Elles sont clouées sur des tasseaux bruts de 0^m,04 sur 0^m,04 vissées contre les traverses latérales.

Dans les parois latérales sont ménagées, à hauteur des yeux, des ouvertures elliptiques pouvant être fermées par une glissière; sur la paroi du fond est fixée une cheville portemanteau pour capote de guérite.

Les guérites sont peintes à l'extérieur à trois couches aux couleurs nationales; les planches de la toiture peuvent être recouvertes d'une feuille de zinc n° 14, et, dans ce cas, elles sont en sapin.

Ifs pour illuminations.

Les ifs pour illuminations (feuille n° 14) sont entièrement en sapin blanchi sur toutes faces; ils se composent :

1° D'un poteau de longueur variable et de 0^m,11 sur 0^m,08 d'équarrissage ;

2° D'un cadre de forme triangulaire équilatérale de 1^m,80 de côté, constitué par des planches de 0^m,11 de largeur sur 0^m,025 d'épaisseur. Les branches inclinées sont encastrées à une extrémité de toute leur épaisseur dans le poteau et clouées sur celui-ci ; la branche horizontale est clouée en son milieu sur le poteau sans encastrement et sur les branches latérales à ses extrémités.

Cinq tablettes de 0^m,11 de largeur sur 0^m,025 d'épaisseur, pouvant recevoir des lampions, sont clouées sur le cadre et le poteau et soutenues par de petites consoles triangulaires de même épaisseur. Toutes les pièces sont peintes à trois couches. Pour les illuminations, on fiche le poteau en terre de 0^m,15 à 0^m,20 et l'on soutient les ifs en les attachant avec du fil de fer contre la grille ou les murs, à droite et à gauche de la porte d'entrée.

Installation des filtres.

Les corps doivent apporter le plus grand soin à l'entretien des filtres et de leurs accessoires. Pour les réparations exigeant des connaissances techniques, ils devront s'adresser au service du génie, qui leur indiquera également le nom des fournisseurs des appareils qui sont à remplacer.

Lit de camp.

Les lits de camp (feuille n° 10) ont 2 mètres de la tête aux pieds, et leur développement est calculé à raison de $0^m,70$ par homme. Dans les cellules où ils sont individuels, ils ont $0^m,70$ de largeur. Ils peuvent être construits soit entièrement en bois, soit en bois et fer ; mais, dans les deux cas, ils doivent pouvoir se démonter facilement, et le bois employé doit être du chêne blanchi sur toutes les faces.

Dans les lits de camp, on distingue : la charpente, le plancher ou sommier, la têtière et la talonnière.

Pour ceux entièrement en bois, la charpente est composée d'un certain nombre de bâtis de forme trapézoïdale, répartis à $1^m,50$ environ de distance, dont un à chaque extrémité. Chacun de ces bâtis comprend : 1° vers la tête du lit de camp, un montant vertical de $0^m,12$ sur $0^m,09$ d'équarrissage et de $0^m,80$ de hauteur au-dessus du sol ; 2° vers les pieds, un autre montant de $0^m,09$ sur $0^m,09$ et de $0^m,48$ de hauteur ; 3° une traverse inclinée de $0^m,11$ sur $0^m,09$ assemblée à tenon et mortaise avec les montants et boulonnée, distante du sol de $0^m,50$ à la tête et de $0^m,35$ aux pieds. Chaque montant est encastré et scellé dans le sol sur une profondeur de $0^m,15$ à $0^m,20$. Tous les bâtis sont réunis dans le sens transversal, à la tête et aux pieds, par deux traverses horizontales assemblées avec les montants à tenon et mortaise ; la traverse de tête a $0^m,11$ sur $0^m,11$ d'équarrissage ; celle des pieds $0^m,09$ sur $0^m,15$. Cette dernière est munie d'une feuillure de $0^m,035$ de profondeur sur $0^m,04$ de hauteur, destinée à recevoir les planches du sommier, et elle est couronnée d'une talonnière arrondie de $0^m,09$ sur $0^m,07$, réunie à la traverse par des boulons de $0^m,015$ de diamètre, espacés de 1 mètre d'axe en axe.

Le sommier est formé de planches de $0^m,041$ d'épaisseur, assemblées à joints plats, reposant simplement à l'une de ses extrémités dans la feuillure indiquée ci-dessus, et à l'autre sur la traverse de tête. Elles doivent s'emboîter exactement entre le talon de la feuillure et l'enduit du mur. Elles sont maintenues dans la feuillure par la talonnière, et l'intervalle entre la têtière et ces planches est assez faible pour que le jeu qui en résulte soit insuffisant pour permettre de les enlever sans démonter la talonnière ou la têtière. Dans le même but, pour éviter qu'on ne les retire par le côté au cas où le lit de camp ne serait pas buté à un mur, la planche extrême de ce côté est boulonnée sur la traverse du bâti.

La tétière est constituée par une planche de 0^m,30 de largeur et 0^m,041 d'épaisseur ; elle est supportée par des consoles triangulaires de même épaisseur, sur lesquelles elle est fixée par deux tire-fond encastrés. Ces consoles reposent de toute leur épaisseur dans des entailles pratiquées au sommet des montants du côté de la tête, et sont fixées à ceux-ci par trois petits boulons de 0^m,008 de diamètre.

Le contreventement est assuré par des pattes scellées dans les murs, vissées contre les montants de tête, et contre les montants extrêmes des pieds lorsque ceux-ci sont adossés à un mur.

Les lits de camp en bois et fer (feuille n° 10) diffèrent des précédents en ce que, à l'exception de la tétière et du sommier, qui sont en bois, tout le reste est en fer. Les bâtis de la charpente sont remplacés : 1° par des montants en fer carré de 0^m,030 sur 0^m,030, scellés dans le sol et consolidés par des arcs-boutants en fer carré de 0^m,020 sur 0^m,020, boulonnés avec les montants et scellés comme eux dans le dallage ; tous ces montants sont réunis par une cornière à ailes inégales de 0^m,125 - 0^m,080 et de 0^m,0075 d'épaisseur, fixée sur chaque montant par une vis à tête fraisée ; 2° par un fer à U de dimension suffisante pour encastrer les planches du sommier, solidement fixé au mur par des pattes à scellement et soutenu en dessous par un solin en plâtre ayant comme épaisseur la largeur de l'aile du fer.

Les planches du sommier reposent, d'une part, dans la gorge du fer à U, et, de l'autre, sur l'aile horizontale de la cornière, sur laquelle elles sont maintenues par une deuxième cornière, rivée contre l'aile verticale de la première. Si le lit de camp occupe tout l'intervalle compris entre deux murs, cette deuxième cornière est interrompue en son milieu sur une largeur un peu supérieure à celle d'une planche, et c'est par cette interruption que se fera le démontage, en faisant glisser successivement chaque planche du sommier ; s'il n'est adossé à un mur que d'un seul côté, c'est par le côté opposé que se fera le démontage ; mais, dans les deux cas, afin que ce démontage ne puisse être fait que par ordre et avec une clef, la planche extrême ou celle correspondante à l'interruption sera boulonnée sur la cornière et sur le fer à U. Il va de soi que, si le lit de camp avait une trop grande longueur, il pourrait y avoir deux interruptions au lieu d'une.

Quant à la tétière, elle est boulonnée sur des fers simple T scellés dans le mur et espacés de 1^m,50.

Les bois des lits de camp sont passés à l'huile bouillante ; les ferrures sont peintes au minium et au noir à deux couches.

Maillets en bois.

Les maillets seront en frêne ou en orme, de forme trapézoïdale, avec $0^m,12$ et $0^m,15$ de base sur $0^m,13$ de hauteur et $0^m,08$ d'épaisseur; le manche aura $0^m,03$ de diamètre et $0^m,25$ environ de longueur.

Mangeoires.

Les mangeoires d'écurie peuvent être en fonte ou en pierre. Celles en fonte s'achètent dans le commerce, et l'on devra, autant que possible, se conformer au modèle en service. Celles en pierre ne peuvent être exécutées par les corps, qu'elles soient en pierre de taille ou en béton de ciment; il conviendra, pour les remplacements de cette nature, de s'adresser au service du génie.

Marmites.

Les marmites pour fourneaux de cuisine qui seraient à remplacer seront achetées chez le fournisseur du fourneau. Les renseignement à ce sujet seront donnés par le service du génie.

Planches à bagages.

Les planches à bagages (feuille n° 14) ont $0^m,30$ de largeur, $0^m,034$ d'épaisseur et une longueur qui variera suivant les circonstances locales. Elles seront en sapin blanchi sur les deux faces et formées d'une seule planche dans le sens de la largeur.

Elles seront supportées par des consoles en fonte du modèle décrit plus haut et fixées sur chacune d'elles par un boulon. Les consoles seront espacées d'une longueur variable suivant les locaux et qui sera généralement comprise entre $1^m,30$ et $1^m,70$. On donnera à chaque planche le maximum de longueur, et l'on devra faire en sorte que la plus courte repose au moins sur trois consoles. L'assemblage d'une planche avec la suivante sera à mi-bois et portera sur une console, dont le boulon le traversera et le consolidera.

Pour les troupes d'infanterie, il n'est attribué qu'une seule rangée de planches à bagages, dont le dessus est à $1^m,40$ de distance du sol; pour les troupes montées, il en est attribué deux rangées, l'une à $1^m,40$, l'autre à $1^m,90$ au-dessus du sol.

Toutes les planches à bagages sont peintes sur les deux faces à trois couches.

Planche à pain.

Les planches à pain (feuille n° 13) seront en sapin rouge et auront $0^m,60$ de largeur et $0^m,032$ d'épaisseur; la longueur sera variable suivant la contenance des chambres, mais elle ne sera jamais de moins de 0ᵐ,12 par homme. Pour les chambres de 24 hommes, on donne généralement deux planches de 2 mètres. Elles seront formées de trois planches assemblées à rainures et languettes, blanchies sur toutes faces et reliées entre elles par deux emboîtures en chêne et des barres de 0ᵐ,08 de largeur sur 0ᵐ,035 d'épaisseur, placées à 0ⁿ,20 des extrémités, et encastrées de 0ᵐ,01 avec assemblage à queue d'aronde.

Elles porteront sur la face inférieure des râteliers porte-cuillers fixés par des vis à bois.

Elles seront suspendues à 2 mètres au-dessus du sol et soutenues par des tringles en fer de 0ᵐ,040 sur 0ᵐ,015, accrochées au plafond par un dispositif figuré sur le dessin et qui est différent suivant que les solives sont en bois ou en fer.

Les planches à pain ne sont pas peintes, mais elles peuvent être passées à l'huile bouillante; les ferrures sont peintes au minium et au noir à deux couches.

Plancher caillebotis.

Le plancher caillebotis (feuille n° 15) est un plancher à claire-voie que l'on place dans la salle de bains par aspersion. Il doit être en chêne et peut être composé de travées de 0ᵐ,90 de largeur, constituées par des traverses de 0ᵐ,10 de largeur sur 0ᵐ,040 d'épaisseur, espacées dans œuvre de 0ᵐ,70, et sur lesquelles on cloue des liteaux de 0ᵐ,07 de largeur sur 0ᵐ,115 d'épaisseur, espacés de 0ᵐ,10 d'axe en axe. La longueur de ces travées est variable suivant la longueur de la pièce, et elles doivent être disposées de façon que les traverses qui reposent sur le sol ne s'opposent pas à l'écoulement des eaux.

Planchettes diverses.

Les planchettes diverses pour état de lieux, nom des chevaux, etc., sont en sapin blanchi et peuvent avoir 0ᵐ,25 de largeur environ et 0ᵐ,02 d'épaisseur; il n'existe pas de modèle réglementaire.

Pelles et pioches de terrassier.

Les pelles et les pioches de terrassier seront achetées dans le commerce et d'après le modèle courant. Les pioches seront garnies d'acier aux deux bouts.

Pistes pour salle d'escrime.

Les pistes pour salle d'escrime (feuille n° 16) seront en planches de sapin brut de 0ᵐ,033 d'épaisseur, 0ᵐ,60 de largeur et d'une longueur variant de 4 à 5 mètres; elles seront assemblées à rainures et languettes et clouées sur des barres en sapin de 0^m,10 de largeur sur 0^m,054 d'épaisseur, espacées de 0^m,70 d'axe en axe.

Portemanteaux en bois.

Les portemanteaux en bois (feuille n° 14) sont entièrement en chêne blanchi sur toutes faces. Ils peuvent être à champignons ou à mentonnets, et ces organes, dont le profil et les dimensions sont indiqués sur le dessin, sont chevillés sur une traverse de 0^m,105 de hauteur sur 0^m,035 d'épaisseur. Ils sont espacés de 0^m,20 d'axe en axe, et la traverse est accrochée au mur par l'intermédiaire de platines en fer percées d'œilletons. Si elle ne doit pas être mobile, on peut aussi la fixer d'une façon invariable à l'aide de pattes à scellement. Enfin il est entendu que les têtes de portemanteaux à champignons

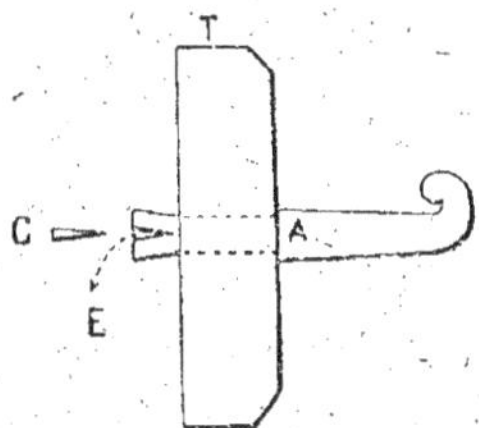

ou à mentonnets peuvent être remplacées par des portemanteaux métalliques du commerce, que l'on visse sur la traverse.

L'assemblage à cheville, comme celui des portemanteaux sur la traverse, est un assemblage qu'on emploie fréquemment, notamment pour l'emmanchement des outils : marteaux, pioches, maillets, etc. Il est nécessaire, pour qu'il soit solide, de le faire avec soin ; autrement par le retrait du bois, presque toujours inévitable, il ne tarde pas à se disloquer. On évitera cet inconvénient en procédant de la façon suivante : La tige A, munie ou non d'un renfort, est engagée dans toute l'épaisseur de la traverse T et la déborde de 0^m,01 à 0^m,02 ; à l'extrémité, on pratique dans le sens des fibres du bois une entaille E à l'aide d'un ciseau à bois ; puis on enfonce au maillet, dans cette entaille, un coin en bois dur C de 0^m,03 à 0^m,04 de longueur et de 0^m,008 à 0^m,010 d'épaisseur à la base. Sous la pression du coin, l'extrémité de la tige s'élargit, et cette dernière peut résister à de violents efforts d'arrachement.

Dans le cas particulier des portemanteaux, comme il est nécessaire que la traverse T s'applique exactement contre le mur, on recoupera au ciseau à bois, après l'enfoncement du coin, la partie de la tige qui dépasse la traverse.

Porte-selles ou porte-harnais.

Les porte-selles ou porte-harnais (feuille n° 15) sont de modèles différents suivant qu'ils sont adossés à un mur ou installés au milieu d'une pièce.

Les porte-selles adossés au mur se composent : 1° d'un montant vertical en sapin blanchi sur toutes faces de $0^m,15$ de largeur sur $0^m,054$ d'épaisseur et de longueur variable ; 2° de chevilles en chêne blanchi sur toutes faces, à section triangulaire de $0^m,15$ de base sur $0^m,12$ de hauteur et $0^m,60$ de longueur, tenon non compris. Ces chevilles, dont l'arête supérieure présente un arrondi de $0^m,05$ de diamètre, sont assemblées dans le montant à tenon et mortaise, et consolidées en dessous par des jambes de force en sapin de $0^m,05$ sur $0^m,05$, assemblées avec elles et avec le montant à tenon et mortaise. Elles sont espacées verticalement de $0^m,45$ d'axe en axe, et, leur nombre est variable suivant la hauteur du montant; les porte-selles sont répartis le long du mur à $0^m,70$ d'axe en axe et ils y sont fixés verticalement : à la partie inférieure, par un étrier en fer scellé par ses deux branches, et à la partie supérieure, par deux pattes à scellement entaillées et vissées. Si le porte-selles a une grande hauteur, il conviendra de le maintenir en son milieu par deux autres pattes (1).

Les porte-selles ou porte-harnais installés au milieu d'une pièce, sans le concours d'un mur ou d'une cloison de soutien, ont une tout autre disposition : ils sont composés (feuille n° 15) d'un dispositif de support en charpente et de chevilles porte-selles fixées sur ce dispositif.

Le dispositif de support est constitué par des poteaux verticaux espacés de $1^m,50$ à 2 mètres d'axe en axe, réunis par des cours de moises espacés verticalement de $0^m,45$ d'axe en axe. Les poteaux sont en sapin blanchi de $0^m,15$ sur $0^m,15$ d'équarrissage, et ils reposent sur des semelles en sapin blanchi de $0^m,22$ sur $0^m,11$ d'équarrissage et $0^m,85$ de longueur, avec lesquelles ils sont assemblés à tenon et mortaise. La liaison est consolidée par deux contre-fiches en sapin blanchi de $0^m,04$ sur $0^m,08$, assemblées avec le montant et les semelles à tenon et mortaise et chevillées. Les moises, en sapin blanchi de $0^m,10$ sur $0^m,08$, sont réunies aux poteaux par des boulons de $0^m,015$ de diamètre et reposent dans des entailles de $0^m,025$ de profondeur.

Les chevilles de $0^m,10$ sur $0^m,08$ d'équarrissage et de $1^m,25$ de longueur sont en chêne blanchi arrondi sur le dessus. Elles

____

(1) Texte modifié. (Notification du 30 novembre 1900, *B. O.*, p. 1909.)

sont fixées sur les moises par des boulons de $0^m,01$ de diamètre et réparties à $0^m,70$ d'axe en axe.

Le contreventement est obtenu en prolongeant jusqu'au plafond les deux poteaux extrêmes, et un plus grand nombre s'il y a lieu, et en les assemblant avec les solives ou les poutres du plancher supérieur ; les semelles peuvent être fixées au sol par des pattes à scellement ou des équerres entaillées dans le parquet et vissées. Les bois ne reçoivent aucune couche de peinture.

Pour les selles du service courant, qui sont sujettes à des manutentions journalières, on n'adoptera comme supports que des chevilles à profil triangulaire semblables à celles des porte-selles adossés; le type de chevilles des porte-selles non adossés ne sera utilisé que comme supports de harnais ou des selles du service de réserve (1).

Râteliers d'armes.

Les râteliers d'armes sont entièrement en chêne ; ils se composent (feuille n° 16) d'un porte-crosses et d'un porte-canons soutenus par des consoles en fonte grandes et petites du modèle décrit plus haut.

Les porte-crosses ont $0^m,15$ de largeur sur $0^m,054$ d'épaisseur ; on y pratique des formes de $0^m,03$ de profondeur sur $0^m,05$ de largeur pour recevoir les crosses des fusils ; les formes sont espacées de $0^m,12$ d'axe en axe ; la première et la dernière se trouveront à $0^m,08$ de chaque extrémité du porte-crosses.

Les porte-canons ont $0^m,08$ de largeur sur $0^m,04$ d'épaisseur ; les encastrements destinés à recevoir les canons des armes ont $0^m,035$ de largeur ; leur espacement sera le même que celui des formes des porte-crosses, c'est-à-dire $0^m,12$; ils correspondront parfaitement à ces formes ; ils commenceront et se termineront, comme celles-ci, à $0^m,08$ de chaque extrémité.

Les porte-crosses et les porte-canons sont fixés sur les consoles par des boulons de $0^m,01$ de diamètre ; leur distance doit être telle que le guidon du fusil soit de quelques centimètres au-dessus du porte-canons, ce qui correspond à $1^m,05$ environ pour les fusils de l'infanterie et $0^m,77$ pour les carabines de la cavalerie ; la hauteur du porte-canons au-dessus du sol est de $2^m,05$. Les porte-crosses et les porte-canons sont simplement passés à l'huile bouillante ; ces derniers ont leurs encastrements garnis d'un coussinet en cuir ou en drap. (Circulaire du 28 novembre 1877.)

Râteliers porte-lances.

Les râteliers porte-lances sont construits comme les râteliers

---

(1) Paragraphe ajouté. (Notification du 30 novembre 1900.)

d'armes ; mais les formes du porte-crosses, espacées seulement de 0^m,09 d'axe en axe, sont modifiées en vue de recevoir le talon de la lance, et l'intervalle entre le porte-crosses et le porte-canons est augmenté de façon que ce dernier soit dépassé de toute la hauteur du fer de la lance. Le porte-crosses est posé à quelques centimètres du sol.

Râteliers porte-brides.

Depuis l'installation dans les quartiers de cavalerie ou d'artillerie des selleries d'escadron ou de batterie, les brides ne doivent plus séjourner dans les chambres de la troupe, et elles sont en général déposées dans les selleries sur la même cheville que la selle ou le harnais, ou tout au moins très à proximité, afin que le cavalier ou l'artilleur puisse prendre d'un seul coup le harnachement complet de son cheval. Cette disposition a eu pour conséquence de faire disparaître des nouveaux casernements les râteliers porte-brides proprement dits ; mais, comme ils peuvent exister encore dans les anciens quartiers, ou bien qu'il peut être nécessaire d'en installer dans les magasins du corps, on donnera, à titre d'indication, la façon dont ils sont construits.

Chaque râtelier (feuille n° 16) est composé d'une tringle ou liteau en chêne de 0^m,08 de hauteur sur 0^m,034 d'épaisseur, chanfreinée sur les arêtes antérieures, sur laquelle sont fixés, à 0^m,20 les uns des autres, des crochets en fer rond, blanchis à la lime, de 0^m,009 de diamètre, faisant une saillie de 0^m,11 en avant de la tringle, et recourbés à leur extrémité sur 0^m,02 de longueur. Ils seront engagés dans toute l'épaisseur de la tringle et terminés par une partie taraudée enveloppée d'un écrou encastré ; ils s'appuieront sur la tringle par un renfort de 0^m,025, affleurant extérieurement la tringle. Cette dernière sera fixée elle-même par deux vis à bois sur des platines en fer, espacées de 1^m,40 d'axe en axe. Ces platines auront 0^m,13 de hauteur et 0^m,03 de largeur ; elles affleureront la tringle par le bas, la dépasseront de 0^m,05 par le haut et seront coupées à leur extrémité en demi-cercle ; leur épaisseur sera de 0^m,006 ; elles seront percées d'une ouverture de 0^m,030 de hauteur sur 0^m,011 de largeur, dans laquelle s'engagera le piton de suspension.

Le liteau et les ferrures seront peints à trois couches.

Râteliers porte-revolvers.

Les râteliers porte-revolvers (feuille n° 16), lorsqu'il y aura lieu d'en construire, seront faits de la même façon que les râteliers porte-brides décrits ci-dessus, avec cette seule différence que les crochets n'auront que 0^m,007 de diamètre et que leur saillie ne sera que de 0^m,045.

Dispositif de sûreté susceptible d'empêcher la soustraction des revolvers
aux râteliers d'armes.
(Description du 16 juin 1906, *B. O.*, page 829.)

A la suite de la disparition d'un certain nombre de revolvers
dans les corps d'artillerie coloniale, la question s'est posée de
savoir quelles mesures seraient à prendre, le cas échéant, pour
empêcher la soustraction de ces armes.

La note descriptive ci-après est destinée à fournir aux corps
intéressés et aux services locaux du génie les indications néces-

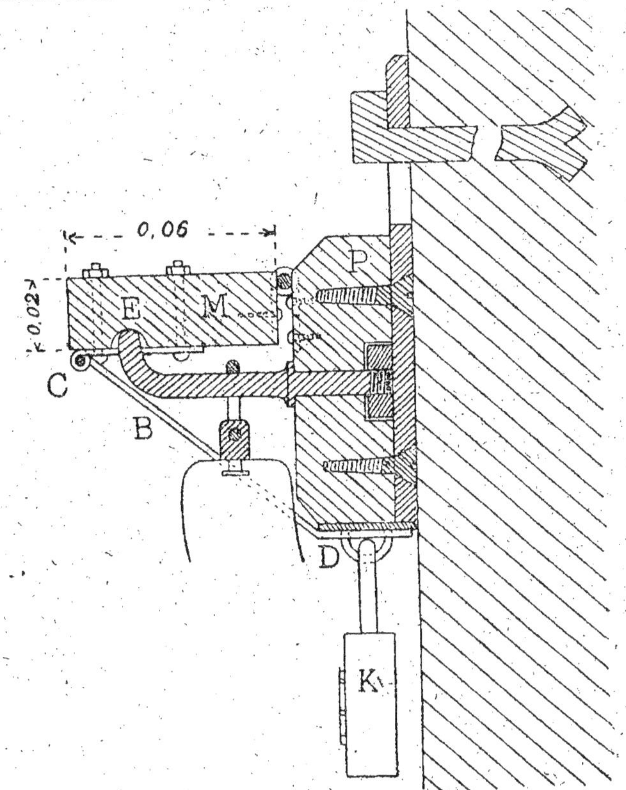

saires pour munir d'un dispositif de sûreté les râteliers porte-
revolvers.

Cette amélioration est d'ailleurs à poursuivre par la voie des
états NC³.

Note descriptive du dispositif à employer pour fixer les révolvers aux râteliers porte-revolvers.

Une planche à rabattement en chêne M, dans laquelle sont pratiquées des encoches E, et ayant $0^m,02$ d'épaisseur, $0^m,06$ de largeur et une longueur égale à la longueur du râtelier porte-revolvers, est fixée par deux charnières à la planche P de ce porte-revolvers et coiffe les crochets auxquels les revolvers sont suspendus par des anneaux de calotte.

Une bride de fer plat B de $0^m,03$ de largeur et $0^m,003$ d'épaisseur est fixée par une charnière G à la planche M. Son extrémité inférieure D, convenablement inclinée dans la direction générale de la bride, vient s'appliquer au-dessous de la planche du porte-revolvers et peut être maintenue contre elle au moyen d'un cadenas K. Pour décrocher un revolver quelconque, il suffit, dès lors, de retirer le cadenas et de soulever légèrement ensuite la planche à rabattement à l'aide de la bride.

Râteliers d'écurie.

Les râteliers d'écurie peuvent être en fer ou en bois; dans le premier cas, ils sont construits entièrement en chêne blanchi sur toutes faces; dans le second cas, ils sont généralement individuels.

Les râteliers en bois (feuille n° 17) se composent de fuseaux ou roulons ronds de $0^m,025$ de diamètre à leurs extrémités et $0^m,033$ au milieu, espacés de $0^m,165$ d'axe en axe, engagés à leurs extrémités dans deux ridelles, de $0^m,10$ de largeur sur $0^m,08$ d'épaisseur, chanfreinées sur leurs arêtes antérieures et espacées de $0^m,65$.

De $2^m,90$ en $2^m,90$ un fuseau sera remplacé par une traverse de $0^m,10$ de largeur et $0^m,10$ d'épaisseur, arrondie sur son champ et assemblée à tenon et mortaise avec chevilles dans les ridelles.

La ridelle inférieure est maintenue par des pattes en fer coudées de $0^m,010$ d'épaisseur sur $0^m,050$ de largeur, fixées sur le devant de la ridelle par des vis à bois de $0^m,05$ de longueur et scellées dans la maçonnerie par l'autre extrémité.

La ridelle supérieure est maintenue par des pattes en fer coudées de même section que les précédentes et de $0^m,30$ de longueur entre le mur et la face antérieure de la ridelle, fixées sur le devant de celle-ci par des vis à bois de $0^m,05$ de longueur, et à l'autre extrémité dans la maçonnerie ou sur le couronnement de la cloison séparatrice des écuries, suivant les conditions locales.

Les râteliers sont composés d'éléments n'ayant pas moins de 4 mètres de longueur, sauf à une extrémité; à la jonction des deux éléments, qui devra se faire entre deux roulons, les ridelles correspondantes sont assemblées à mi-bois et réunies par un boulon encastré.

Les roulons en bois exigent d'assez fréquentes réparations ; on les remplace quelquefois par des roulons en fer ; ces derniers ont $0^m,018$ de diamètre, et ils sont enfoncés de $0^m,04$ dans les ridelles. Des fuseaux taraudés à chaque bout, et distants de $1^m,45$ environ, traverseront les ridelles de part en part et seront serrés par des écrous. Il n'y aura d'entretoises en bois qu'aux extrémités.

Les râteliers individuels en fer ne sont pas d'un modèle rigoureusement uniforme ; le type décrit ci-dessous a été employé dans plusieurs quartiers de cavalerie.

Ils se composent (feuille n° 17) :

1° D'un cadre vertical à trois côtés seulement de $0^m,84$ sur $0^m,76$, appliqué contre le mur, et constitué par un fer plat de $0^m,035$ de largeur sur $0^m,009$ d'épaisseur ; chaque branche latérale est percée à son extrémité d'un trou de $0^m,015$ de diamètre, et la branche horizontale de deux autres trous de même dimension ;

2° D'un second cadre horizontal à trois côtés de $0^m,84$ sur $0^m,42$, constitué par un fer plat de même section que le précédent, et rivé à celui-ci à la partie supérieure par un retour d'équerre des extrémités de ses branches latérales.

C'est sur ces deux cadres que sont fixés par des rivures les roulons non rectilignes, au nombre de sept sur le devant et de trois sur chaque face latérale. Les premiers, en fer rond, de $0^m,020$ de diamètre, sont espacés de $0^m,14$ d'axe en axe ; les seconds, de $0^m,018$ de diamètre, sont espacés de $0^m,10$ environ.

Chaque râtelier est maintenu : 1° à sa partie inférieure, par des tiges de $0^m,01$ de diamètre scellées dans la maçonnerie par une extrémité, taraudées à l'autre, et dont l'écartement correspond à celui des trous de la branche horizontale du cadre ; 2° à la partie supérieure, par des tiges en fer analogues, qui s'engagent dans les trous indiqués ci-dessus aux extrémités des branches latérales verticales. Le serrage contre le mur se fait par des écrous.

Les râteliers en fer sont peints au minium et en noir à deux couches.

Rouleaux de bat-flanc.

Les rouleaux de bat-flanc (feuille n° 5) sont en bois d'orme ou en chêne, bien sain, très sec et sans fente ; ils ont $0^m,55$ de longueur et $0^m,10$ de diamètre ; ils seront percés, suivant leur axe, d'un trou d'environ $0^m,034$ de diamètre pour le passage de la chaîne de suspension.

Stalles pour chambre de troupe.

Les stalles pour chambre de troupe (feuille n° 17) sont entièrement en sapin blanchi sur toutes faces ; elles consistent en un panneau de forme trapézoïdale dont les bases ont respectivement $0^m,80$ et $1^m,40$ de longueur et la hauteur 2 mètres.

Les quatre côtés du châssis ont $0^m,10$ sur $0^m,06$ d'équarrissage ; ils sont assemblés à tenon et mortaise et chevillés ; la traverse supérieure est arrondie sur le dessus ; les deux montants latéraux sont prolongés de $0^m,20$ au-dessous de la traverse inférieure horizontale, afin de ménager entre cette traverse et le plancher un vide qui facilite le balayage.

Le panneau est en planches de $0^m,027$ d'épaisseur, assemblées à rainures et languettes, embrevé dans le châssis sur tout le périmètre.

La stalle est maintenue : 1° par deux pattes scellées dans le mur, entaillées et vissées sur le grand montant ; 2° par deux équerres de $0^m,30$ et $0^m,36$ de longueur de branche, vissées de part et d'autre sur le petit montant au moyen de trois vis de $0^m,05$ de longueur, qui ne sont pas face à face, et entaillées et vissées dans le parquet lorsque celui-ci aura une épaisseur suffisante ($0^m,033$), ou dans une traverse (bb) dans le cas contraire. Si le sol est carrelé, les montants sont assemblés chacun dans une traverse (b) (élévation suivant H I) noyée dans le carrelage. Les équerres ont au talon $0^m,06$ de largeur, $0^m,01$ d'épaisseur ; à chaque extrémité elles sont réduites à $0^m,05$ de largeur et $0^m,006$ d'épaisseur.

Les stalles sont peintes en couleur commune à trois couches ; les ferrures, au minium et en noir à deux couches.

Tables de caserne.

Les tables de caserne (feuille n° 18) sont entièrement en chêne blanchi sur toutes faces. Le dessus est élevé à $0^m,75$ du sol ; il a $1^m,50$ de longueur, $0^m,70$ de largeur et $0^m,054$ d'épaisseur. Il est formé de deux madriers assemblés à rainures et languettes, et réunis par quatre fausses clefs de $0^m,10$ de longueur, $0^m,05$ de largeur et $0^m,015$ d'épaisseur, noyées dans le bois et collées ; il est fixé sur chaque traverse du bâti à l'aide de deux vis à tête carrée vissées par en-dessous.

Les pieds ont $0^m,08$ sur $0^m,08$ d'équarrissage ; ils sont en retraite sur les bords de dessus de $0^m,15$ aux deux bouts et de $0^m,06$ sur les côtés. Ils sont reliés entre eux : 1° par deux entretoises et une traverse longitudinale de $0^m,070$ sur $0^m,054$, placées à $0^m,15$ du sol, assemblées entre elles et avec les pieds à tenon et mortaise et chevillées ; 2° par un bâti formé de quatre traverses de $0^m,110$ sur $0^m,034$ d'équarrissage, assemblées avec les pieds à tenon et mortaise à leur partie supérieure.

La liaison est consolidée par huit équerres de $0^m,10$ de longueur de branche, $0^m,035$ de largeur et $0^m,008$ d'épaisseur, entaillées et vissées sur les pieds et les traverses par deux vis à tête fraisée de $0^m,05$ de longueur.

Les tables de caserne ne sont pas peintes : les bois sont simplement passés à l'huile bouillante.

Table de sous-officier à deux tiroirs.

La table à deux tiroirs (feuille n° 18) fait partie de l'ameublement réglementaire des sous-officiers défini par la circulaire ministérielle du 31 décembre 1875.

Le dessus a $1^m,20$ de longueur et $0^m,60$ de largeur; il est élevé à $0^m,75$ du sol. Il est composé de planches de sapin de $0^m,027$ d'épaisseur, assemblées à rainures et languettes avec encadrement en chêne de $0^m,07$ de largeur, arrondi sur son champ. Il est vissé sur le bâti à l'aide de vis de $0^m,06$ de longueur.

Les quatre pieds ont $0^m,06$ de côté; ils sont en retraite de $0^m,04$ sur les bords du dessus. Ils sont reliés : 1° à leur partie supérieure, par trois traverses de $0^m,14$ de largeur sur $0^m,027$ d'épaisseur, placées l'une sur une longue face et les deux autres sur deux petites faces, et par une quatrième traverse de $0^m,040$ sur $0^m,034$, assemblée par les deux pieds de devant; 2° à leur partie inférieure, par deux entretoises de $0^m,05$ sur $0^m,05$, placées à $0^m,06$ du sol, réunies elles-mêmes par une traverse de même équarrissage.

Les assemblages de ces pièces entre elles et avec les pieds sont à tenon et mortaise. Une traverse verticale de séparation de $0^m,027$ d'épaisseur est placée au milieu de la face de devant et assemblée avec le dessus de la traverse horizontale reliant les deux pieds de devant.

Chaque table est munie de deux tiroirs de $0^m,075$ de profondeur, avec les côtés, devant et derrière, de $0^m,027$ d'épaisseur, assemblés entre eux à queue d'aronde, et le fond de $0^m,018$ embrevé dans les côtés qui porteront une rainure.

Le devant portera un bouton tourné en bois dur.

Chaque tiroir sera muni d'une auberonnière placée sous le bouton et qui s'engagera, lorsqu'on fermera le tiroir, dans un moraillon placé sur la traverse de devant.

Les quatre arêtes de tous les pieds sont abattues en chanfrein de $0^m,01$ de largeur qui s'arrête à $0^m,02$ des traverses.

Tous les bois sont en chêne, sauf le fond du tiroir et la partie emboîtée du dessus, qui sont en sapin.

Les tables reçoivent trois couches de couleur noire; les cadenas sont fournis par les sous-officiers détenteurs.

Table-toilette des sous-officiers.

Les tables de toilette des sous-officiers (feuille n° 18) sont entièrement en sapin blanchi sur toutes faces. Elles se composent d'une planche horizontale de $0^m,33$ de largeur sur $1^m,10$ de longueur et $0^m,027$ d'épaisseur, clouée à $0^m,20$ des deux bouts sur deux consoles en bois de $0^m,22$ de hauteur et de même épaisseur. Sur la face latérale de chacune de ces consoles est fixé un champignon porte-serviette en bois dur, et sur le champ sont vissées, par quatre vis à bois, deux platines en fer plat de $0^m,32$ de longueur, $0^m,03$ de largeur et $0^m,005$ d'épaisseur. Ces platines ont chacune un œilleton où s'engagent les crochets de support. Le dessus de la tablette est à $0^m,80$ du sol.

Les tables de toilette sont peintes à trois couches du ton général de l'ameublement; les ferrures sont peintes au minium et en noir à deux couches.

Table de pension de sous-officier.

Les tables de pension de sous-officier (feuille n° 19) ont 2 mètres de longueur, $0^m,80$ de largeur et $0^m,70$ de hauteur.

Le dessus est en planches de sapin de $0^m,027$ blanchies sur chaque face, assemblées à rainures et languettes, avec emboîtures en chêne de $0^m,10$ de largeur à chaque extrémité. Il déborde le bâti sur toutes les faces de $0^m,06$ environ.

Les pieds sont en chêne; ils ont $0^m,06$ sur $0^m,06$ d'équarrissage dans le haut et $0^m,04$ sur $0^m,04$ à la partie inférieure. Ils sont réunis à la partie supérieure par un bâti formé de quatre traverses en sapin de $0^m,10$ de hauteur et de $0^m,027$ d'épaisseur, assemblées avec les pieds à tenon et mortaise.

L'assemblage est consolidé par huit équerres de $0^m,025$ de largeur, $0^m,008$ d'épaisseur, et $0^m,10$ de longueur de branche, entaillées et vissées par quatre vis à bois de $0^m,05$ de longueur sur les pieds et sur le bâti.

Le dessus est cloué ou vissé sur le bâti, et il sera recouvert d'une toile cirée rabattue sur le champ et maintenue par des baguettes clouées sur ce dernier. Pour éviter que les toiles ne se coupent sur les arêtes du dessus, on arrondira ces dernières en quart de rond de $0^m,015$ de rayon.

Table de la salle des rapports.

La table de la salle des rapports est semblable à celle décrite ci-dessus, avec cette différence que le dessus sera tout en chêne, que sa hauteur sera de $0^m,75$ et qu'elle pourra être munie d'un ou deux tiroirs. Il est également prévu pour l'ameublement de la salle des rapports une table munie d'encriers et de bancs adhérents; on prendra le modèle de la table d'enseignement.

Table de magasin d'habillement.

Les tables pour magasin d'habillement ont 2 mètres de longueur sur 1 mètre de largeur; elles sont construites comme les tables de pension de sous-officiers, avec cette différence qu'elles ont $0^m,75$ de hauteur, que les pieds ont même équarrissage, $0^m,06$ sur $0^m,06$, sur toute la hauteur, et qu'ils sont réunis à la partie inférieure, à $0^m,15$ du sol, par deux entretoises, réunies elles-mêmes par une traverse longitudinale de $0^m,06$ sur $0^m,41$ d'équarrissage, assemblées entre elles et avec les pieds à tenon et mortaise.

Table légère à tréteau pour magasin de compagnie, escadron ou batterie.

Les magasins de compagnie, escadron ou batterie sont pourvus d'une table légère à tréteau (feuille n° 20) de 2 mètres de longueur sur 1 mètre de largeur. Le dessus est en planches de sapin de $0^m,027$ d'épaisseur, blanchies sur chaque face, assemblées à rainures et languettes avec emboîtures en chêne de $0^m,100$ à chaque extrémité. Elles sont, en outre, réunies au milieu par une traverse de sapin de $0^m,010$ de largeur sur $0^m,033$ d'épaisseur, assemblée avec les frises à queue d'aronde et fixée sur chacune d'elles au moyen de deux vis de $0^m,05$ de longueur, vissées par en dessous.

Les tréteaux, entièrement en sapin blanchi sur toutes faces, comprennent :

1° Un chapeau de $0^m,80$ de longueur et $0^m,80$ sur $0^m,041$ d'équarrissage;

2° Quatre pieds de $0^m,80$ de longueur, tenon non compris, de $0^m,050$ sur $0^m,027$ d'équarrissage, assemblés avec le chapeau à tenon et mortaise;

3° Deux entretoises et une traverse à $0^m,15$ au-dessus du sol, de $0^m,050$ sur $0^m,030$ d'équarrissage, assemblées entre elles et avec les pieds à tenon et mortaise.

L'écartement des pieds à la base sera de $0^m,'0$,

Tables de réfectoire.

Les tables de réfectoire doivent, en général, être légères et démontables, afin de pouvoir être enlevées facilement au cas où les réfectoires seraient utilisés comme chambres de troupe. Pour ce motif, il convient d'adopter des tables sur tréteaux (feuille n° 19) ayant les dimensions suivantes : hauteur 0^m,70, largeur 0^m,70, longueur variable suivant les conditions locales.

Le dessus est en planche de sapin de 0^m,027 d'épaisseur, avec emboîtures en chêne de 0^m,10 de largeur à chaque extrémité et une traverse au milieu de 0^m,10 de largeur sur 0^m,033 d'épaisseur assemblée à queue d'aronde avec les frises et fixée sur chacune d'elles par une ou deux vis de 0^m,050 de largeur vissées par en dessous.

Les tréteaux, au nombre de deux par table, sont semblables à celui décrit ci-dessus, avec cette différence que la hauteur des pieds du sol au chapeau est réduite à 0^m,64, l'écartement à 0^m,25 et la hauteur au-dessus du sol des entretoises et de la traverse à 0^m,10.

Pour rendre solidaires le dessus et les tréteaux, et donner en même temps à la table une plus grande stabilité, le dessus et les chapeaux seront réunis par un goujon en fer de 0^m,015 de diamètre, portant à une extrémité une tête de boulon noyée d.ns la table, et à l'autre un œilleton dans lequel on peut engager une petite clavette en fer accrochée à une chaînette fixée sur le chapeau.

Le dessus pourra être recouvert d'une toile cirée, comme il est indiqué plus haut pour les tables de pension des sous-officiers.

Table à claire-voie pour cuisine.

On emploie quelquefois, dans les cuisines, des tables à claire-voie, qui ont l'avantage de ne présenter aucun joint où puissent séjourner les détritus de viande ou de légumes et qui, par suite, sont d'un nettoyage facile.

Le dessus de ces tables (feuille n° 19) est constitué par des planches de chêne de 0^m,041 d'épaisseur, espacées entre elles de 0^m,06, ce qui, pour des tables de 0^m,90, correspond à des frises de 0^m,132 de largeur. Elles sont maintenues par des bâtis en fer espacés de 1^m,50 à 2 mètres d'axe en axe, formés chacun de deux montants verticaux scellés dans le dallage et d'une traverse horizontale à même section carrée de 0^m,030 sur 0^m,030. La traverse et les montants sont réunis aux angles par une plate-bande en fer de 0^m,030 sur 0^m,008. Chaque frise est fixée sur les traverses par un boulon de 0^m,008 de diamètre, dont la tête est noyée dans le bois. On pourrait aussi les fixer à l'aide de tire-fond de 0^m,065 de longueur, que l'on visserait par en dessous ; le serrage serait moins solide, mais on supprimerait les têtes de boulon sur le dessus.

Si la table doit être adossée à un mur, le bâti en fer cidessus est remplacé par une console disposée comme il est indiqué sur le dessin.

Dans les tables de cuisine, les ferrures seules sont peintes au minium et en noir à deux couches ; mais on recouvre quelquefois chaque frise d'une feuille de zinc n° 12. C'est une bonne précaution, mais qui est assez coûteuse. Dans ce cas, les frises peuvent être en sapin.

Lorsque la place fait défaut dans les cuisines, on peut augmenter le développement des tables en faisant deux étages superposés. Dans ce cas, l'étage inférieur est abaissé à 0^m,65 du sol, et l'étage supérieur élevé à 1^m,10 environ.

Table d'enseignement avec banc adhérent.

Les tables d'enseignement avec banc adhérent (feuille n° 20) sont entièrement en chêne blanchi sur toutes faces. Elles se composent de bâtis espacés de 1 mètre à 1^m,35, suivant la longueur des tables réunis par des tablettes qui constituent le dessus des bancs et des tables.

Les bâtis sont formés : 1° d'une traverse horizontale de 0^m,75 de longueur, 0^m,80 de hauteur, et 0^m,054 d'épaisseur, profi é en quart de rond aux deux extrémités ; 2° d'un montant vertical formant pied de table de 0^m,150 de largeur, 0^m,030 d'épaisseur et 0^m,635 de hauteur moyenne, tenons non compris ; 3° d'un deuxième montant vertical formant pied de banc, de même équarrissage que le précédent, de 0^m,37 de hauteur, tenon non compris, distant du premier de 0^m,290. Ce dernier présente à la partie supérieure, sur une hauteur de 0^m,050, une surépaisseur et un surélargissement qui le portent à 0^m,054 d'épaisseur et 0^m,225 de largeur. Ces deux montants sont assemblés avec la traverse à tenon et mortaise et chevillés. Sur le premier montant est assemblée également à tenon et mortaise, à la partie supérieure, une console de 0^m,30 de longueur, 0^m,060 de largeur et 0^m,054 d'épaisseur, profilée en quart de rond à ses deux extrémités.

Les bâtis sont réunis : 1° par le dessus de banc, qui a 0^m,225 de largeur et 0^m,030 d'épaisseur ; 2° par le dessus de table, formé de deux planches de 0^m,290 et 0^m,110 de largeur et 0^m,030 d'épaisseur ; 3° par deux traverses longitudinales de 0^m,070 et 0^m,035 d'épaisseur. Les dessus de table et de banc sont fixés sur les con soles et les montants par des vis de 0^m,060 de longueur, dont les têtes sont noyées dans le bois; les traverses sont fixées à chacun des montant par un assemblage à clefs.

Les trous pour les encriers sont espacés de 0^m,55 d'axe en axe.

Les tables d'enseignement avec banc adhérent ne sont pas peintes, mais les bois sont passés à l'huile bouillante.

Tableaux noirs.

Les tableaux noirs sont en planches de sapin de 0^m,027 d'épaisseur, à deux parements, rainées, collées et réunies à leurs extrémités par des emboîtures en chêne de 0^m,080 de largeur.

Ils ont des dimensions variables et sont peints à trois couches sur les deux faces. Ils peuvent être fixés au mur par des pattes à scellement ou posés sur un chevalet.

Tinettes pour cellules.

Les tinettes pour cellules sont en tôle galvanisée et ne peuvent être confectionnées par les corps. Pour les achats, on se conformera au modèle en service, et l'on pourra se renseigner auprès du service du génie pour l'adresse des fournisseurs spéciaux.

Tonneau d'arrosage.

Le tonneau d'arrosage est un objet qui n'est pas de fabrication courante, et qui ne peut être construit que par des ouvriers spéciaux. Il conviendra de s'adresser à l'industrie civile pour son remplacement ou pour les réparations exigeant des connaissances professionnelles particulières.

Tringles diverses.

Les tringles diverses pour salle d'escrime, salle des rapports, salle d'école, sur lesquelles on fixe des crochets à pointes ou à vis, sont en chêne blanchi de 0^m,080 de largeur sur 0^m,027 d'épaisseur, et de longueur variable, chanfreinées sur les deux arêtes antérieures. Elles sont fixées au mur par des pattes à scellement de 0^m,080 de longueur, entaillées et vissées, ou par des crochets à scellement. Ces pattes ou crochets sont alternés haut et bas et espacés de 1 mètre environ.

Vilebrequin avec lame tournevis en cuivre.

Les vilebrequins avec lame tournevis en cuivre pour les magasins à munitions s'achètent dans le commerce et sont du modèle courant.

Article VII. — ENTRETIEN DES COURS ET DES PLANTATIONS.

Entretien des cours.

Choix des matériaux et mise en œuvre.

La condition essentielle pour qu'une cour soit en bon état, c'est que l'écoulement des eaux soit bien assuré ; les corps doivent y veiller avec d'autant plus d'attention que la salubrité de la caserne en dépend.

Pour arriver à ce résultat, il faut : 1° que les rigoles pavées d'écoulement soient toujours en parfait état, c'est-à-dire que la pente soit bien régulière, qu'il n'y ait nulle part des parties défoncées où l'eau séjourne, et que les bouches ou les grilles d'égout ne soient jamais obstruées ; 2° que, sur les parties macadamisées, le sol soit toujours bien uni, qu'il n'y ait ni creux ni ornière, que le macadam soit maintenu à une épaisseur suffisante et que les pentes ne soient jamais diminuées.

Les travaux de pavage nécessités par l'entretien des rigoles ont été traités à l'article concernant la maçonnerie ; il ne sera donc question dans celui-ci que de l'entretien des chaussées empierrées.

On maintient une chaussée ou une cour empierrée en bon état en la rechargeant de temps à autre et par fractions. Et il importe que cette opération se fasse très régulièrement ; autrement, il arrive un moment où la cour nécessite une réfection totale, ce qui entraîne une dépense considérable.

Les rechargements se font à l'aide de cailloux ou de pierres cassées, et l'on doit choisir de préférence des matériaux siliceux et non calcaires. Dans le cas où les ressources locales obligeront à employer du calcaire, on devra le prendre le plus dur possible. La grosseur des matériaux est généralement déterminée par la condition de passer à travers un anneau de $0^{m},06$ de diamètre intérieur ; et, pour faciliter leur agrégation, il est nécessaire de répandre à leur surface un agrégat dont le plus communément employé est le sable. Ce dernier n'a pas besoin d'être exclusivement siliceux comme pour les maçonneries ; au contraire, un sable quelque peu argileux est préférable. On peut également utiliser des plâtras provenant de démolitions d'enduits ou de maçonnerie ; mais alors il faut bien s'assurer qu'ils ne contiennent pas de clous, qui pourraient occasionner des blessures. Les débris provenant du sciage ou de la taille des pierres tendres sont aussi d'excellents matériaux d'agrégation, et il est quelquefois facile de s'en procurer à très bon compte sur les chantiers d'entrepreneurs ; toutefois, les plâtras et les débris de taille n'excluent pas complètement l'emploi du sable. Enfin, dans certaines régions industrielles, on pourra utiliser comme matériaux d'empierrement du mâchefer, des cendres de houille, etc.

Quant à la mise en œuvre de ces divers matériaux, voici comment il convient d'opérer : on commence par repiquer à la pioche le périmètre de toute la surface que l'on veut recharger ; on relève les gravois sur les bords, et l'on constitue ainsi une sorte de forme, dans laquelle on répand les cailloux ou la pierre cassée. Par-dessus, on régale les anciens gravois.

La surface doit être bien uniforme et dépasser de quelques centimètres les surfaces avoisinantes, afin qu'après le tassement provenant du cylindrage ou du damage elle se raccorde avec ces dernières ; ceci fait, on répand une faible couche de matière d'agrégation, puis on procède au cylindrage ou au damage. Le cylindrage se fait avec un cylindre à chevaux ou à vapeur, le damage avec la dame-ronde ordinaire. Ce dernier procédé seul est à la disposition permanente des corps. Cependant, si la surface à recharger avait une certaine étendue, il serait presque impraticable ; alors il conviendrait de s'adresser à un entrepreneur, ou bien d'emprunter ou de louer un cylindre à chevaux soit à la municipalité, soit au service des ponts et chaussées.

Pendant l'opération du cylindrage ou du damage, il est indispensable d'arroser fortement, de repasser plusieurs fois au même point et de répandre de temps à autre un peu d'agrégat. Lorsqu'elle est terminée, on couvre la surface d'une couche de sable de $0^m,02$ d'épaisseur.

Entretien des plantations.

Opérations nécessitées par l'entretien des plantations.

Le règlement sur le service du casernement spécifie (annexe n° 3) que l'entretien des plantations qui incombe aux corps comprend le renouvellement et la taille des arbres : d'où il résulte qu'ils peuvent avoir à exécuter toutes les opérations qui se rapportent aux plantations. Or elles nécessitent presque toutes un travail délicat et beaucoup de soin pour être couronnées de succès. D'autre part, l'utilité des plantations n'est plus à démontrer, tant au point de vue sanitaire que sous le rapport de l'agrément qu'elles procurent ; on ne saurait donc trop recommander aux corps occupants de veiller sur elles avec une sollicitude constante ; d'autant plus qu'il y a dans la perte d'un arbre un facteur qui ne se remplace pas : c'est le temps qu'il a mis à se développer.

On peut classer les opérations relatives aux plantations en trois catégories :

1° Le choix de l'essence et du sujet à planter ;

2° La plantation proprement dite ;
3° Les soins de culture à donner au sujet.

Choix de l'essence.

Il est entendu qu'il ne s'agit ici que des arbres d'alignement. A ce sujet, les essences le plus généralement employées et qui s'accommodent à peu près de tous les climats du sol français sont : l'acacia, l'aune, l'érable-plane, l'érable-sycomore, le marronnier, le mûrier à papier, l'orme, le paulownia imperialis, le platane, le tilleul ordinaire, le tilleul argenté, le vernis du Japon.

A cette énumération on pourrait joindre exceptionnellement le hêtre, qui réussit très bien dans certaines contrées, notamment dans la région des Vosges et sur quelques points de la Normandie.

Lorsqu'il s'agira du simple remplacement d'un arbre mort — et ce sera le cas le plus fréquent — le choix de l'essence se trouvera imposé par celle existante, car il importe, dans une rangée d'arbres, de ne jamais alterner les essences. Cependant, il peut se présenter que tout un alignement soit à remplacer à la fois ; on peut aussi avoir à compléter une plantation existante, voire même à en créer une nouvelle. Alors, on ne sera pas tenu de choisir la même essence ; quelquefois même il y aura avantage à la changer. Dans ce cas, la meilleure règle à suivre pour le choix à faire consiste à se bien renseigner sur l'essence qui réussit le mieux dans la région, et de s'en rapporter au résultat de l'expérience. Néanmoins, voici, à titre d'indication, les principaux caractères des essences énumérées ci-dessus (1).

Acacia.

Grand arbre à rameaux étalés, formant souvent une tête élargie, irrégulière. Feuillaison vers le 15 mai, floraison vers le 15 juin ; arbre peu difficile sur la nature du sol, préfère un terrain siliceux et légèrement humide ; n'est pas susceptible d'une forme régulière par l'élagage, les rameaux se brisent facilement ; donne un ombrage peu épais. Distance de plantation sur la ligne, 6 mètres ; mode de multiplication, semis.

Aune.

Grand arbre à tronc droit, quelquefois irrégulier, en cône élargi. Aime les terrains un peu humides ; garde ses feuilles

---

(1) Les renseignements pratiques et techniques contenus dans ce chapitre ont été extraits de l'*Aide-mémoire à l'usage des jardiniers des plantations d'alignement de la ville de Paris.*

tard en saison. Distance de plantation, 6 mètres; mode de multiplication, semis et bouture.

Érable plane.

Arbre de taille moyenne (10 à 14 mètres), prend naturellement une forme régulière en dôme élargi. Feuillaison, commencement de mai; floraison, fin avril; fleurs jaunâtres; arbre rustique, résistant un peu à la sécheresse et au terrain calcaire; donne un couvert épais; peut être soumis à un élagage annuel pour forme spéciale; jeunes rameaux et feuilles assez souvent attaqués par des pucerons qui sécrètent une substance huileuse nommée miellat, laquelle, par une sécheresse prolongée, peut être très abondante et entraîner la chute des feuilles. Distance de plantation, 5^m,50; mode de multiplication, semis.

Érable-sycomore.

Arbre rustique (18 à 20 mètres). Présente les mêmes caractères généraux que le précédent; résiste assez bien au sol calcaire sec; souffre un peu des pucerons, comme l'érable-plane. Distance de plantation, 6 mètres; mode de multiplication, semis.

Marronnier à fleurs doubles.

Hauteur 15 à 20 mètres. Doit toujours être préféré au marronnier ordinaire, parce qu'il n'apporte pas de fruit; choisir les individus greffés ras du sol; n'est pas délicat sur la richesse du terrain; donne beaucoup d'ombrage; très recommandable. Distance de plantation, 6 mètres; mode usuel de multiplication, greffe.

Mûrier à papier.

Hauteur 8 à 10 mètres. Se forme assez régulièrement en tête élargie; fleurs mâles et fleurs femelles sur des sujets différents; choisir de préférence des individus femelles, que l'on reconnaît aux fruits d'un rouge corail qu'ils donnent à l'automne; peu difficile sur la nature du sol, résiste un peu à la sécheresse. Distance de plantation, 5 mètres; modes usuels de multiplication, semis, bouture.

Orme commun.

Hauteur de 15 à 20 mètres. Grand arbre se formant en tête ronde; feuillaison commencement de mai; arbre rustique, peu difficile sur la nature du sol, résiste à la sécheresse et au sol calcaire; supporte bien la taille ou l'élagage pour forme spéciale, mais est lent à venir; est assez souvent attaqué par un petit insecte (scolyte), qui creuse des galeries sous l'écorce et peut déterminer la mort de l'arbre. Distance de plantation, 8 mètres; mode usuel de multiplication, semis.

Paulownia imperialis.

Hauteur 15 à 20 mètres. Grand arbre s'élevant naturellement en tête élargie, tronc droit, écorce lisse; feuillaison et floraison fin mai; arbre rustique, vigoureux, surtout dans sa jeunesse, peu difficile sur la nature du sol; résiste assez à la sécheresse et au terrain calcaire; laisse tomber quelques-unes de ses feuilles pendant toute la période de végétation, surtout pendant les années sèches et par les grands vents. Distance de plantation, 6 ou 8 mètres; modes usuels de multiplication, semis, boutures de racines

Platane commun.

Hauteur de 20 à 30 mètres. Très grand arbre s'élevant en forme de pyramide assez régulière; tronc droit, écorce lisse grisâtre, se détachant par plaques plus ou moins grandes, surtout lorsque les arbres sont vigoureux; feuillaison commencement de mai; grand et bel arbre assez rustique dont les jeunes pousses gèlent cependant quelquefois; préfère un terrain profond légèrement humide. Distance de plantation, 8 à 10 mètres; mode usuel de multiplication, bouture.

Tilleul ordinaire.

Hauteur 15 à 20 mètres. Grand arbre à tronc droit; feuillaison fin avril, floraison mi-juin; arbre rustique, demandant, pour bien venir, un sol léger et frais; on peut, par un élagage annuel, lui donner une forme symétrique; les feuilles de ce tilleul sont attaquées par de petits insectes qui provoquent leur chute prématurée, surtout dans les terrains un peu secs. Distance de plantation, 5 mètres; mode usuel de multiplication, semis.

Tilleul argenté.

Hauteur 8 à 12 mètres. Grand arbre à tronc droit, écorce lisse, blanchâtre; rameaux dressés donnant une forme ovoïde à l'arbre, feuilles grandes, vertes en dessus, blanches et cotonneuse en dessous; peu difficile sur la nature du sol; ne perdant pas ses feuilles au milieu de l'été comme le tilleul ordinaire; arbre à recommander. Distance de plantation, 5 mètres; mode usuel de multiplication, greffe.

Vernis du Japon.

Hauteur 15 à 20 mètres. Grand arbre d'une croissance très rapide, à tronc droit, régulier, écorce noire; se forme habituellement en tête régulière élargie ; rameaux obtus, feuilles très longues, composées de 14 à 30 folioles, dentées à la base, d'un vert luisant en dessus, glauque et blanchâtre en dessous ; feuillaison vers le 15 mai, floraison fin juin ; les fleurs répandent une odeur forte généralement reconnue comme désagréable ; arbre rustique, peu délicat sur la nature du sol ; résiste un peu à la sécheresse et au terrain calcaire. Distance de plantation, 6 mètres ; mode usuel de multiplication, semis, boutures de racines.

Choix des sujets

L'essence de l'arbre étant déterminée, il faut ensuite choisir les sujets d'après les indications suivantes :

Les jeunes arbres doivent être sains, bien portants, bien proportionnés à la hauteur, qui doit être d'environ 5 mètres pour une circonférence de $0^m,16$ à $0^m,18$ mesurée à 1 mètre du sol et de $0^m,18$ à $0^m,20$ à la base (ras du sol). (Fig. 1, feuille n° 21). A hauteur égale, le paulownia, le marronnier devront avoir une tige plus forte que les ormes et les érables.

Les jeunes branches qui commencent la charpente devront être régulièrement réparties sur la tige et bien équilibrées entre elles. Le prolongement de la tige devra toujours être prédominant.

Ces jeunes arbres devront avoir subi plusieurs transplantations : ce qui se reconnaît à l'absence du pivot ou de racines grosses, longues, descendant verticalement, et au contraire au nombre considérable de racines de force moyenne s'étendant horizontalement et obliquement.

Ces sujets devront avoir été extraits avec soin. On constate ce fait lorsque les racines sont en bon état, longues et sans blessures ; enfin, ils ne doivent pas avoir souffert depuis le moment de l'extraction jusqu'au moment de la plantation. Il faut éviter de planter des arbres dont les tiges sont grêles, étiolées ou courbes, enfin des arbres dont la charpente est mal constituée. (Feuille n° 21, fig. 2 et 3.)

Lorsque l'espèce ou variété choisie aura été multipliée par la greffe, on devra toujours choisir des sujets greffés ras du sol afin d'avoir des fûts réguliers. Il sera bon, pour obtenir une plantation aussi uniforme que possible, de s'assurer, en s'y prenant suffisamment à l'avance, par des visites faites en pépinière au moment convenable, que tous les arbres de l'espèce ou variété choisie pour la plantation d'un alignement ou pour des remplacements appartiennent bien tous exactement à l'espèce et à la variété que l'on désire ; car, si l'on ne prenait pas cette précaution, on serait exposé à avoir, au fort de la végétation, des formes d'arbres assez dissemblables, notamment avec les ormes, les tilleuls, les platanes, etc., surtout lorsque ces arbres proviennent de semis.

Plantation de l'arbre. — Préparation du sol.

La plantation d'un arbre doit toujours être précédée de la reconnaisance de l'état du sol ou du sous-sol à l'emplacement où il doit être planté. Souvent, en effet, à cet emplacement, le terrain n'est pas propice à la végétation des arbres, et il est nécessaire d'en constituer un de toutes pièces, formé de bonne terre végétale franche.

La terre végétale franche, nommée quelquefois terre normale, terre de Vitry, terre à blé, est généralement de couleur jaune brun ; elle doit être bien meuble et douce au toucher. Elle doit contenir peu de calcaire ; n'être ni trop argileuse, c'est-à-dire trop compacte, pâteuse, collante lorsqu'elle est humide, ni trop siliceuse, c'est-à-dire trop légère, trop friable : elle manque alors de consistance.

Pour les plantations neuves dans les villes, où le terrain est souvent très mauvais, lorsque notamment le sol est contaminé par les fuites des canalisations de gaz, on plante en tranchées de 3 mètres de largeur sur 1 mètre de profondeur. Mais c'est là un travail de terrassement considérable, et l'achat de terre végétale pour remplir une pareille tranchée ne manquerait pas le plus souvent d'être fort onéreux.

Dans les casernes, où les conditions seront beaucoup plus favorables, on pourra, en général, se contenter par arbre d'un trou de 1 mètre de profondeur et de $1^m,30$ de côté. Autant que possible, on fera le trou et les apports de terre végétale plusieurs mois à l'avance, afin que le tassement du sol soit à peu près définitif au moment où l'on procédera à la plantation.

S'il s'agit de remplacements d'arbres morts ou dépérissants — et ce sera le cas qui se présentera le plus souvent dans l'entretien des plantations des casernes — l'opération sera quelque peu différente selon que l'arbre à remplacer fait partie d'une plantation récente ou plus ou moins ancienne.

Lorsqu'on devra remplacer un jeune arbre ayant de un à quatre ans de plantation, ce travail pourra se faire sans apport de terre nouvelle, en supposant, bien entendu, que la plantation primitive avait été faite dans un bon sol, naturel ou rapporté.

Lorsque l'arbre à remplacer aura végété plus de cinq à six ans, il sera utile de remplacer en même temps une partie du sol dans lequel il aura vécu : par exemple, un cube de terre de $0^m,80$ de profondeur sur $0^m,90$ de côté, toujours dans l'hypothèse que la première plantation aura été bien faite.

Lorsque l'arbre à remplacer aura existé pendant dix-huit ou vingt ans, il deviendra nécessaire de renouveler complètement la partie du sol destinée à recevoir la nouvelle plantation.

Les arbres en remplacement sont toujours de la même essence que ceux entre lesquels ils doivent être plantés, et, en principe, ils devraient être aussi de même taille. Mais cette dernière condition ne peut être remplie, pour les plantations militaires, que pour de jeunes arbres susceptibles d'être plantés à racines nues, car, s'il s'agit de sujets âgés et déjà formés, il est indispensable de les planter en mottes, ce qui exige l'aide d'un chariot spécial et d'ouvriers de profession.

On ne doit généralement pas planter à racines nues les arbres dont la tige a plus de $0^m,10$ de diamètre à 1 mètre du sol, même les marronniers, les ormes, les platanes, espèces reconnues à reprise assez facile.

Mise en terre de l'arbre.

Les arbres doivent être plantés à 10 mètres environ des bâtiments, et leur espacement varie de 5 à 10 mètres suivant l'essence choisie, en raison de la hauteur que l'arbre peut acquérir. La distance à observer pour chaque essence a été indiquée plus haut dans la description sommaire de chacune d'elles.

La mise en terre d'un arbre doit se faire sur un sol bien réglé et défoncé depuis assez longtemps pour que le tassement se soit opéré. Toute plantation faite sur un sol insuffisamment tassé est une opération défectueuse. Si l'on est pressé par le temps, on peut accélérer ce tassement en arrosant la forme tous les trois ou quatre jours. La mise en terre doit être précédée de l'habillage des racines : cette opération consiste à enlever les racines cassées ou détériorées et à rafraîchir, par une coupe bien nette, toutes les racines dont les extrémités sont souvent rompues ou détériorées par la déplantation, de telle sorte que toutes les racines présentent à leurs extrémités une coupe fraîchie, unie, ayant une direction légèrement oblique. La section doit être faite de manière qu'une fois l'arbre placé debout, la plaie repose sur le sol.

L'habillage des branches est souvent nécessaire : d'abord pour enlever les branches cassées, puis les branches inutiles et celles qu'il deviendra nécessaire de supprimer ou de raccourcir suivant les retranchements plus ou moins importants qu'on aura dû faire subir aux racines, afin d'établir l'équilibre entre ces dernières et les branches. Ces opérations de taille doivent toujours être faites ou finies à la serpette nettement et sans éclats. Si, pour des racines ou des rameaux trop gros, on est obligé d'employer le sécateur ou la scie, on devra ensuite rafraîchir ces coupes à l'aide de la serpette. (Fig. 4, feuille n° 21.)

On s'assure ensuite que le trou a bien été creusé à l'emplacement voulu, afin que l'arbre, qui doit être placé sensiblement au centre, se trouve bien dans l'alignement exigé, et

ensuite qu'il a une profondeur suffisante pour que les grosses
racines reposent au fond sur un petit monticule de terre bien
meuble, le collet de l'arbre se trouvant à la hauteur qu'il doit
occuper au ras du sol.

Ces opérations préliminaires etant terminées, on place l'arbre au centre du trou, à sa place d'alignement, et dans une
position bien verticale, ce que l'on vérifie à l'aide du fil à
plomb. Si la tige n'est pas absolument droite, il faut diriger
la courbe du côté où l'arbre recevra le moins de lumière, ou
dans le sens de la ligne de plantation, et, autant que possible, du côté opposé à celui où sera mis le tuteur dont on doit
prévoir la place. Ceci fait, on mettra en contact avec les racines de la terre de très bonne qualité, parfaitement meuble et
plutôt sèche qu'humide. La terre devra surtout être meuble
et sèche parce que, dans cet état, elle pénètre beaucoup mieux
entre les racines sans laisser de vides, de cages, suivant l'ex-
pression usuelle.

Le recouvrement des racines doit se faire en jetant peu à
peu, par petites pelletées, la terre autour des racines, et un
ouvrier doit être occupé exclusivement à bien faire pénétrer à
la main cette terre entre les racines, à les isoler l'une de l'au-
tré par une couche de terre et à donner, autant que possible,
à ces racines une direction horizontale, ou au moins la même
direction qu'elles avaient avant l'extraction.

La plantation terminée, c'est-à-dire le recouvrement des
racines étant fait, le trou remblayé, le tuteur posé, on devra
fouler légèrement le sol autour de l'arbre, puis on établira
une cuvette assez grande au pied de l'arbre pour pouvoir procéder immédiatement à son arrosage. Cé premier arrosage a
surtout pour but de provoquer le tassement du sol et la par-
faite adhérence de la terre aux racines, et aussi de combler de
suite les cages qui peuvent encore exister malgré tous les
soins apportés.

Tuteurage.

Lé tuteur qu'on doit placer au jeune arbre nouvellement
planté a pour but principal d'empêcher l'ébranlement de cet
arbre, de donner ou de maintenir une direction bien verticale
à sa tige et à son prolongement. On procède à la pose du tuteur, soit en faisant la plantation, alors que les racines ne
sont pas complètement recouvertes de terre, soit lorsque la
plantation est terminée; mais alors il faut avoir prévu et
réservé son emplacement à l'aide d'un piquet, afin d'éviter
toute blessure aux racines qui proviendrait du frottement
du tuteur.

Le tuteur doit être proportionné à la taille de l'arbre, en
grosseur et en hauteur, toujours droit et suffisamment grand
pour pouvoir maintenir jusqu'à son extrémité la flèche de

l'arbre. Il doit être enfoncé dans le sol d'environ 0^m,70 pour empêcher l'ébranlement de l'arbre. (Fig. 5, feuille n° 21.) Les tuteurs employés sont généralement des perches de châtaignier; ils doivent avoir environ 6 à 7 mètres de hauteur et de 0^m,25 à 0^m,30 de circonférence à 1^m,50 du sol.

Il sera toujours avantageux d'enlever l'écorce des tuteurs, car très souvent cette écorce, qui se détache peu à peu, sert d'abri à des insectes. Il convient aussi, pour leur conservation, de goudronner ou de carboniser leur partie inférieure jusqu'à 0^m,20 au-dessus du sol.

Lorsqu'il existe une direction dominante des grands vents, le tuteur devra être placé de ce côté; sinon, le tuteur sera placé du côté du midi, de manière à abriter la jeune tige du soleil.

L'arbre doit être fixé au tuteur à l'aide de ligatures en fil de fer ou de colliers. Dans aucun cas, les ligatures ne doivent être en contact direct avec la tige; il devra toujours y avoir entre elles des paillons ou des coussinets assez épais pour empêcher tout frottement. Les colliers habituellement employés, et que l'on trouve dans le commerce, sont garnis, à l'intérieur, d'une tresse en paille ou en jonc assez épaisse et remplissant assez bien les conditions demandées : solidité et facilité d'emploi.

En procédant à la fixation de l'arbre au tuteur, il faut avoir soin d'éviter qu'il n'y ait contact en dehors des ligatures et, par suite, frottement direct de l'arbre sur le tuteur. On prévient cet inconvénient à l'aide de paillons placés, selon les besoins, entre l'arbre et le tuteur. Chaque année, on doit visiter le tuteurage et remplacer les tuteurs cassés, refaire les attaches détériorées et celles qui, étant trop serrées, gênent le développement de la tige, supprimer celles qui sont devenues inutiles.

Corset.

En plus des tuteurs, il est souvent bon d'entourer les jeunes arbres d'un corset, qui met la tige à l'abri des blessures occasionnées par les accidents ou la malveillance. Il les protège aussi contre la morsure des chevaux, qui sont très friands des écorces tendres. Ces corsets ont en moyenne 2 mètres de hauteur sur 0^m,30 de diamètre; ils sont plus évasés à la base qu'au sommet et sont formés de lattes en fer rivées sur des demi-cercles qui, réunis, forment un cylindre. Le corset ne doit jamais être en contact avec la tige; il doit être fixé au tuteur par sa partie supérieure, qui doit être garnie d'une forte tresse afin d'éviter toute blessure à la tige. Les corsets s'achètent dans le commerce, et, si les jeunes arbres qui doivent en être pourvus sont nombreux, la dépense totale est assez élevée. Aussi, par économie, on improvise quelquefois des corsets en bois, à l'aide de trois ou quatre piquets de 1^m,50 environ de hauteur, que l'on enfonce de 0^m,30 à 0^m,50 dans le sol, de façon à former autour de l'arbre un triangle équilatéral ou un carré de 0^m,50 à 0^m,70 de côté. On réunit ensuite ces piquets haut et bas par quatre traverses clouées ou attachées avec du fil de fer.

Soins de culture. — Binage et arrosage.

Les soins de culture ont pour but d'assurer la reprise des jeunes arbres et de prolonger le plus longtemps possible le bon état de la végétation des anciens.

L'année qui suit la plantation, on doit donner de fréquents binages au sol, autour du pied de l'arbre, de manière à entretenir cette partie toujours meuble, bien perméable à l'air et à l'eau. Cette même année, les arrosages doivent être fréquents, pour empêcher le desséchement du sol.

Il est impossible d'indiquer d'une manière absolue la quantité d'eau nécessaire aux arbres pour favoriser leur développement ; car elle varie selon les essences, la nature du sol et les conditions atmosphériques. Il faut qu'elle soit suffisante pour arriver jusqu'à l'extrémité des racines, et pas trop abondante pour ne pas laver et appauvrir le sol. Le chiffre moyen peut être évalué à 150 litres par mètre cube de terre végétale placée au pied de l'arbre.

Pour peu que la plantation soit importante, ce chiffre représentera un cube total d'eau assez considérable, et dans bien des circonstances les corps occupants, dont l'eau est rationnée, éprouveront de sérieuses difficultés pour satisfaire aux exigences des plantations.

Il conviendra donc d'utiliser le mieux possible l'eau de pluie pendant l'été. On pourra, par exemple, recueillir celle des chéneaux dans des tonneaux, et, quant à celle qui coule à la surface du sol, il faudra en utiliser le plus possible en creusant autour des arbres des rigoles de 1^m,50 environ de diamètre et de 0^m,10 de profondeur, dont la terre extraite sera mise en bourrelet sur les bords, de façon à avoir une sorte de cuvette pour l'arrosage artificiel des arbres, afin que l'eau s'étale bien sur toute la surface du sol occupé par les racines. Si les arbres sont âgés, cette cuvette devra être augmentée de diamètre, et même dans ce cas, si les nécessités de la circulation ne s'y opposent pas, il conviendra, pour des arbres plantés en ligne, d'établir les cuvettes entre les arbres, là où se trouvent certainement les racines en plus grande quantité.

Engrais.

Lorsque le sol commence à s'épuiser, on augmentera certainement la vigueur de l'arbre en introduisant dans le sol une fumure ou des engrais bien appropriés. Un mètre cube de bon fumier pourrait servir à fumer le sol de cinq à dix arbres selon leur force. C'est là une ressource qui sera toujours à la disposition des corps et qu'ils ne devront pas négliger. Le fumier ne doit pas être simplement étalé sur le sol autour de l'arbre : il est nécessaire qu'il soit recouvert d'une couche de terre de $0^m,20$ environ. On creusera donc une fosse de $1^m,50$ à 2 mètres de diamètre et de $0^m,20$ de profondeur sans découvrir les racines, on étalera dans le fond une couche de fumier de $0^m,03$ à $0^m,06$ d'épaisseur et l'on recouvrira avec la terre provenant de la fosse.

Les engrais chimiques étant solubles dans l'eau, on pourra profiter des arrosages pour les faire pénétrer jusqu'aux racines. Voici le mélange que l'on pourra employer :

Phosphate d'ammoniaque.............	30 parties
Sulfate d'ammoniaque.............	30 —
Nitrate de potasse.............	40 —
TOTAL.............	100 parties.

Il faudra environ 150 grammes de ce mélange, dissous dans l'eau, par arbre et par mois pendant la végétation, c'est-à-dire de mai à août.

Dans les sols reconnus très calcaires, il sera bon d'ajouter 15 à 20 p. 100 de sulfate de fer ; dans ceux au contraire manquant de calcaire, il faudrait, avant de répandre l'engrais, les arroser avec une eau contenant 40 à 50 grammes de nitrate de chaux par arbre.

Taille.

La taille dont on s'occupera ici, et la seule qu'il y ait lieu de pratiquer dans les plantations des bâtiments militaires, a exclusivement pour but d'obtenir ou de maintenir un développement régulier et proportionné de la tige et des branches.

Certaines essences prennent naturellement une forme en pyramide : le platane, le tilleul argenté, par exemple ; d'autres prennent plutôt une forme de boule en tête arrondie : le vernis du Japon, le paulownia, l'érable-plane, etc.

Les arbres qui prennent une forme en pyramide ont généralement un seul rameau prédominant dans le prolongement de la tige, lequel porte des rameaux latéraux d'autant moins longs qu'ils sont plus près de l'extrémité de l'arbre. Pendant la période de formation d'un jeune arbre qui pousse naturellement en pyramide ou auquel on veut imposer cette forme, les branches latérales inférieures devront avoir, jusqu'à l'âge de 20 ans environ, une longueur égale aux deux tiers environ de la longueur de la tige centrale, prise à partir du point d'intersection de la branche. Cette différence de longueur entre les branches latérales et la tige centrale diminue à mesure que l'arbre vieillit.

Dans les arbres qui se forment naturellement en tête arrondie, on remarque le plus souvent que la charpente ou tête de l'arbre est formée par plusieurs branches spéciales. On devra, surtout pendant la première période de formation de ces arbres, maintenir l'équilibre entre ces diverses branches.

En général, les arbres d'alignement ont une hauteur de tige sans branches d'environ 4^m,50 ; mais cette hauteur n'a rien d'absolu et peut varier en plus ou en moins selon les exigences locales et les nécessités de la circulation. De toute façon, au point de vue de la hauteur sans branches, les jeunes arbres plantés en alignement peuvent se trouver dans l'un des deux cas suivants : ou ces arbres ont été plantés avec la hauteur de tige voulue pour avoir déjà un certain nombre de branches charpentières constituées, ou ces arbres ont été plantés n'ayant que des branches latérales insérées trop bas sur la tige, et qui devront disparaître à mesure que l'arbre grandira. C'est ce cas particulier qui se présente le plus habituellement.

Dans le premier cas, la taille, pendant les premières années qui suivront la plantation, consistera simplement à maintenir l'équilibre des branches et de la tige. Dans le second cas, on suivra les prescriptions suivantes : maintenir faibles, par des raccourcissements annuels, les branches inférieures qui doivent disparaître, afin de favoriser l'allongement de la tige et le développement des rameaux latéraux définitifs situés à la hauteur convenable ; à mesure que la tige et les rameaux se développeront, on enlèvera les branches placées trop bas, en commençant par les plus basses ; elles devront être enlevées avec soin, juste au ras du tronc, et les plaies seront recouvertes de coaltar. (Fig. 4, feuille n° 21.)

Lorsque, faute d'avoir opéré à temps, on devra enlever plusieurs branches importantes, il faudra le faire en plusieurs années, de manière à ne pas produire en une seule fois une large plaie qui entamerait la tige sur presque tout le périmètre et nuirait à la circulation de la sève.

On surveillera avec soin le développement des branches charpentières définitives ; ces branches, en effet, doivent, autant que possible, être situées autour de la tige à des intervalles réguliers, et l'on évitera de laisser se développer plusieurs branches juste à la même hauteur.

Ces soins ayant été pris, il ne reste plus qu'à maintenir l'équilibre et la régularité dans le développement progressif des branches, à conserver à l'arbre aussi longtemps que possible sa forme et sa dimension, à empêcher le dégarnissement et la dénudation des branches inférieures. Ce dernier résultat s'obtiendra en opérant la suppression du prolongement des branches supérieures, de manière à entretenir la végétation dans les branches inférieures. La taille se fait à la serpette ou au sécateur.

Élagage.

On appelle élagage les suppressions faites aux arbres à l'aide de la serpe ou du croissant, de la scie ou de la hache. Il a pour but de supprimer certaines grandes branches, ou de diminuer leur longueur. C'est une opération toujours regrettable, mais qui peut être motivée par des causes diverses : dénudation plus ou moins complète de la partie inférieure de la charpente, dépérissement de l'arbre par le haut, taille négligée dans les premières années et, par suite, longueur démesurée des branches inférieures, accident survenu à la tête de l'arbre.

Si l'arbre est encore jeune et peu développé, l'élagage se rapproche beaucoup de la taille et ne présente pas de grandes difficultés. Une précaution toutefois est à prendre pour la suppression de la tête : il faut faire cette opération à l'endroit où se trouve sur la tige un rameau capable de reformer une tête d'arbre (fig. 6, feuille n° 21), et y placer un tuteur, de façon à redonner à la tige une direction verticale.

Si l'arbre est âgé et très développé, l'élagage se fait à des hauteurs considérables et présente de sérieux dangers. Il importe alors de ne le laisser pratiquer que par des professionnels munis d'un outillage *ad hoc*.

L'élagage ainsi que la taille doivent se faire pendant le repos de la végétation, lorsque les arbres sont dépourvus de feuilles, à l'automne ou au printemps, et pendant l'hiver quand il ne gèle pas. Les plaies provenant de ces opérations sont recouvertes d'un enduit imperméable, comme il est indiqué ci-dessous.

Des maladies.

Les maladies des arbres se manifestent de deux façons :

1° Par un dépérissement général qui atteint l'arbre dans son entier;

2° Par des accidents locaux;

Le dépérissement général est dû, le plus souvent, à de mauvais soins de culture ou à des maladies constitutionnelles. Les mauvais soins de culture consistent dans des arrosages mal réglés, dans des tailles ou des élagages trop fréquents, dans la non amélioration d'un sol de mauvaise qualité. Le remède sera d'effectuer les arrosages comme il a été dit plus haut, de réduire la taille et les élagages au strict nécessaire; d'enrichir le sol par des engrais s'il est pauvre, le biner à la surface s'il durcit, le maintenir humide pendant les fortes chaleurs, faire disparaître les émanations gazeuses préjudiciables et remplacer la terre qui en serait imprégnée par de la terre fraîche.

On se gardera des maladies constitutionnelles en apportant tous ses soins dans le choix du sujet.

Les accidents locaux se caractérisent par des ulcères ou des caries. Ils sont dus : à des élagages mal faits, à des branches sèches non coupées, à des chocs accidentels, à des coups de gelée en hiver.

L'ulcère est une plaie qui ne se recouvre pas régulièrement et qui laisse ainsi le tissu ligneux de l'arbre exposé à l'air et aux intempéries.

Pour le guérir, on enlève jusqu'au vif de la partie de l'écorce avariée, voire même le bois décomposé, de façon à rendre la plaie bien saine ; puis, lorsqu'elle est sèche, on enduit de goudron de Norvège toute la partie mise à nu.

La carie étant caractérisée par la désorganisation plus ou moins profonde du bois dans la tige ou les branches, on devra enlever, extraire, toute la partie morte décomposée, puis remplir le vide jusqu'à l'orifice à l'aide d'un mortier de ciment, qui a pour but d'empêcher l'accès de l'eau, qui est surtout la cause de la décomposition intérieure du tissu ligneux.

On évitera les ulcères et les caries qui peuvent résulter d'un élagage mal fait en opérant toujours d'après les règles prescrites : faire des sections bien nettes, bien lisses, et recouvrir le bois mis à nu à l'aide d'un enduit imperméable et adhérent qui empêche, sur cette partie, l'action directe de l'air et de l'eau.

Cet enduit sera fait avec du goudron végétal ou de Norwège, qui est préférable au goudron de houille. On peut aussi faire usage d'une pâte épaisse qu'on obtient en malaxant dans de l'huile de lin cuite un mélange formé de trois parties d'oxyde de zinc et une partie de noir de fumée. Cette pâte se conserve dans des tubes en zinc.

Le non-recouvrement ou le recouvrement lent de plaies bien faites est toujours l'indice d'un état de langueur dans la végétation ; dans ce cas, il conviendra toujours d'augmenter les soins de culture, fumures, arrosages, etc.

Des insectes nuisibles.

Les insectes nuisibles aux arbres d'alignement peuvent être groupés en deux classes, selon qu'ils attaquent soit les feuilles, soit l'écorce ou le bois.

Les principaux insectes de la première classe sont les hannetons, les cantharides, les chenilles et les pucerons.

Les hannetons sont peu à redouter dans les villes ; les cantharides s'attaquent particulièrement aux frênes, peu employés dans les plantations des casernes. Quoi qu'il en soit, le meilleur moyen de destruction consiste à les faire tomber chaque jour de très bonne heure, en secouant les arbres fortement, et à les écraser ou les faire brûler.

On se débarrasse des chenilles en faisant une chasse assidue aux nids, soit à l'automne, soit avant le printemps. L'échenillage est d'ailleurs prescrit par une loi spéciale dont la non-observation peut faire l'objet d'une contravention. Cette loi ne vise que la destruction de la chenille dite bombyx-cul-brun, qui, seule, passe l'hiver dans la bourse en soie, où il est assez facile de l'atteindre ; mais il n'importe pas moins de se débarrasser du bombyx-dispar, dont les nids sont recouverts d'une plaque couleur d'amadou faite d'une étoupe soyeuse : on les détache du tronc des arbres avec une raclette, et on les brûle.

Les pucerons déterminent la chute des feuilles. Ceux des érables et des sycomores sont noirs ou verts ; ils se multiplient avec une rapidité prodigieuse et sécrètent une substance huileuse appelée miellat, qui ne tarde pas à envahir toutes les feuilles et à les asphyxier ; l'acarus du tilleul tisse à la partie inférieure de la feuille une légère toile de soie grise où il se fixe et se nourrit du suc de la feuille. Bientôt celle-ci sèche et tombe. On se débarrasse des pucerons et de l'acarus en arrosant à la lance les feuilles des arbres avec une décoction au 1/10 de jus de tabac. Pour les tilleuls, l'aspersion doit se faire sur le dessous de la feuille. On se procure le jus de tabac dans le commerce.

Les principaux insectes qui attaquent l'écorce et le bois sont les scolytes et le cossus.

Ce sont les ormes qui ont le plus à souffrir des scolytes ; ces petits insectes ont leur siège sous l'écorce, où ils creusent des galeries entre celle-ci et le bois, et, lorsqu'ils sont nombreux, ils interceptent la circulation de la sève et peuvent amener le dépérissement de l'arbre et sa mort. On reconnaît la présence de ces insectes aux nombreux petits trous ronds que l'on remarque à la surface de l'écorce, particulièrement sur le tronc. Le traitement consiste à enlever, sur toute la longueur du tronc envahi, une certaine épaisseur de la vieille écorce, de manière à mettre à nu les galeries intérieures, tout en ayant soin de ne pas attaquer les dernières couches du liber qui recouvre l'aubier. Puis on badigeonnera l'écorce ainsi nettoyée au jus de tabac, ou encore on l'entourera de bandes de toile imbibée de benzine durant vingt-quatre ou quarante-huit heures.

Le cossus gâte-bois est la chenille d'un papillon nocturne de très grande dimension. Cette chenille ou cossus, après avoir traversé l'écorce des arbres, particulièrement des ormes, des platanes, des tilleuls, des érables, se creuse de longues galeries dans l'aubier et même quelquefois dans le cœur du bois. Ces galeries à travers l'aubier empêchent la libre circulation de la sève et peuvent amener la mort de l'arbre. Cette chenille atteint 1 centimètre de diamètre sur 5 à 6 de longueur et vit trois années dans le corps ligneux avant d'atteindre sa phase de métamorphose en chrysalide, puis en papillon.

On reconnaît la présence du cossus à un suintement rougeâtre, qui s'écoule sur la tige aux endroits où la galerie se rapproche le plus de l'extérieur de l'écorce. On remarque aussi, souvent, au pied des arbres attaqués, des détritus de tissu ligneux, ressemblant à de la sciure de bois, parfois agglomérés en petites boules sphériques. Ces détritus sont des déjections venant de la larve et qui s'échappent par l'orifice de la galerie.

Pour détruire le cossus dans l'intérieur du bois, il suffira souvent d'introduire dans la galerie un fil de fer dont on a recourbé la pointe et que l'on y enfonce. La flexibilité du fil lui permet d'arriver, malgré la courbure de la galerie, jusqu'à la chenille, qu'il écrase. Quelquefois même, on la ramène à l'extérieur en retirant le fil de fer. On devra aussi chercher à détruire les papillons et les chrysalides, qui sont très apparents et qui se fixent sur l'écorce des arbres vers le milieu de l'été.

Végétaux parasites.

Les végétaux parasites nuisibles aux arbres sont : le gui, les mousses et les lichens.

Le gui se développe en petite touffe buissonnante autour des branches ; il se nourrit aux dépens de l'arbre ; on devra toujours l'enlever avec soin, à l'aide de la serpe ou du croissant, dès qu'on le verra apparaître.

Les mousses et les lichens se développent sur les branches et les tiges des arbres ; c'est généralement l'indice d'un état languissant de l'arbre sur lequel ces plantes végètent. On devra les enlever au moyen de grattages ou de lavages énergiques, et d'autre part améliorer les conditions hygiéniques de l'arbre. On peut aussi détruire les mousses et les lichens des arbres en enduisant, par un temps sec, la tige et les branches d'une couche de chaux délayée.

Conclusion.

De tout ce qui vient d'être dit sur les plantations d'alignement, il ressort clairement qu'elles exigent, pour être prospères, une attention soutenue et des soins constants. Ces soins sont en eux-mêmes faciles à donner ; mais le régime hygiénique auquel il convient, en quelque sorte, de soumettre chaque arbre en particulier est plus délicat à discerner. Aussi devrat-on ne charger de ces travaux d'entretien qu'un homme de confiance, choisi parmi les jardiniers de profession.

CHAPITRE VIII.

ENTRETIEN DES CHAMPS DE MANŒUVRES, DES CHAMPS DE TIR,
DES STANDS, DES GYMNASES ET DES ÉCOLES DE NATATION.

Champs de manœuvres et champs de tir.

Dans les champs de manœuvres et les champs de tir, il importe surtout de maintenir toujours le sol en bon état, en y assurant l'écoulement des eaux soit par des rigoles à ciel ouvert, soit par des drainages. Les rigoles doivent être creusées de façon à ne pas gêner les exercices en créant des obstacles qui pourraient occasionner des accidents. Les drainages se font généralement en pierres sèches, et ils doivent être établis à des profondeurs suffisantes pour que les pierres ne soient pas mises à nu par les pieds des chevaux : soit, 0^m,50 environ. Rigoles et drainages doivent aboutir à des fossés toujours parfaitement nettoyés.

Les corps peuvent aussi être chargés de l'entretien de certaines voies d'accès des champs de tir et de manœuvres. On assure cet entretien en procédant à des rechargements périodiques, comme il a été expliqué pour le sol des cours. Toutefois, les parties de chemin ainsi que les pas de tir susceptibles d'être frappés par des balles ne sont pas empierrés, afin d'éviter les ricochets ; au besoin, on pourra les ensabler. Enfin, dans les champs de tir, il est prescrit de maintenir toujours en bon état la butte, les banquettes et le talus de l'abri des marqueurs. On doit leur conserver le même profil, ce qui ne nécessite que des travaux de terrassement et parfois l'emploi de fascinages.

La confection de ces derniers (fascines, gabions, claies) et leur mise en œuvre sont décrites dans l'instruction sur les travaux de campagne à l'usage des troupes d'infanterie. Quant aux abris des marqueurs, les travaux d'entretien incombant aux corps rentrent dans la catégorie de ceux décrits aux articles précédents.

Stands.

Les travaux d'entretien que les corps doivent exécuter dans les stands sont spécifiés dans la notice du 28 octobre 1893 et la note du 7 novembre 1894 (1re et 4e Directions).

Gymnases et école de natation.

Les travaux d'entretien incombant à la masse du casernement, c'est-à-dire les travaux d'appropriation en dehors du matériel, rentrent dans la catégorie de ceux décrits aux articles précédents.

*Instruction relative aux mesures d'entretien des stands
et champs de tir.*

(Direction du Génie; Bureau du Matériel.)

N° 30086 2/4.   Paris, le 7 août 1923.

Un certain nombre de dispositions réglementaires concernant
les mesures à prendre pour l'entretien des stands et champs de
tir paraissant avoir été fréquemment perdues de vue, la présente instruction a pour objet de rappeler les différentes prescriptions en vigueur auxquelles il y aura lieu de se conformer
strictement à l'avenir.

MESURES D'ENTRETIEN QUI INCOMBENT AU SERVICE DU GÉNIE.

Le service du génie est chargé de l'entretien de toutes les
parties construites, aménagées ou installées par lui, à l'exception des plates-formes mobiles, des jeux de cibles jumelées à
coulisse, de l'entretien du sol et des nettoyages nécessaires
pour assurer l'écoulement des eaux ou la propreté; il veille au
maintien et à la conservation des repères et des inscriptions.

Les bâtiments accessoires, construits par le service du génie, sont assimilés aux bâtiments du casernement.

MESURES D'ENTRETIEN QUI INCOMBENT AUX CORPS DE TROUPE.

Les corps de troupe sont chargés de tous les travaux d'entretien ne ressortissant pas au service du génie, d'après le paragraphe ci-dessus. Ils assurent, en particulier, le fonctionnement des communications électriques et téléphoniques permanentes dans les stands et champs de tir de garnison. Toutefois,
le matériel téléphonique hors d'usage à la suite d'un service
normal est remplacé gratuitement par le service du génie, sur
la demande du corps intéressé.

L'officier de tir du corps qui a la charge d'un stand ou d'un
champ de tir a spécialement dans ses attributions l'exécution
des mesures d'entretien ci-dessous, qui intéressent au premier
chef la sécurité des marqueurs et des riverains :

(Le chef de corps responsable de l'observation rigoureuse de
ces prescriptions met à la disposition de l'officier de tir les
moyens nécessaires à leur exécution.)

1° Le sol des stands doit être, dans toute son étendue (talus
et autres parties), tenu meuble et sans cailloux; dans les mê-

mes conditions, le sol des champs de tir doit être débarrassé de toutes les pierres qui peuvent y apparaître.

Les talus de la butte, du parados des marqueurs ou du terrassement situé immédiatement au-dessous des cibles doivent être purgés des balles tirées, après chaque séance de tir; l'inobservation de cette prescription pourrait avoir pour conséquence la projection de balles ricochées à l'intérieur de l'abri des marqueurs.

2° Toutes les arêtes doivent être constamment maintenues à leur position exacte (repérée soit à l'aide de traits à la peinture sur les murs des stands, soit à l'aide de piquets), les terres étant réglées suivant des plans entre deux arêtes consécutives.

L'attention doit se porter tout particulièrement sur le talus de parados dont l'arête supérieure est rapidement dégradée par les balles et tend à s'abaisser progressivement; il est indispensable qu'il soit constamment tenu à son profil exact.

On doit veiller également au maintien du niveau du sommet de la butte, particulièrement dans les stands avec appareils de sécurité, ainsi qu'à celui des pas de tir et de tous les seuils de plein fouet. La position de ces derniers est marquée, d'une part, par les repères fixant leur niveau sur les murs des stands, d'autre part, par un madrier de champ noyé dans le massif de terre. Pour mettre en état leur surface, on peut faire glisser plusieurs fois sur ce madrier une règle que deux hommes placés de part et d'autre déplacent d'un bout à l'autre du seuil, en ayant soin de l'appuyer fortement et de la tenir horizontalement.

3° Les revêtements en bois des arêtes supérieures des paraballes et des jambages du paraballe n° 1 dans les stands de 200 mètres n° 2, doivent être fréquemment visités et leur remise en état doit être demandée d'urgence au service du génie, en cas de détérioration grave.

4° Un terrain durci par la gelée augmentant le nombre et l'irrégularité des ricochets, il y a lieu quand, pendant les périodes de grands froids, il est absolument impossible de tenir le sol meuble, de s'abstenir de faire tirer dans les stands autres que ceux du type n° 1; la même mesure est applicable aux stands dont le sol serait recouvert de neige.

S'il arrive accidentellement qu'une nappe d'eau vienne à se former dans le fond des crémaillères, il convient d'interrompre le tir jusqu'à ce que les eaux pluviales se soient écoulées ou aient été absorbées; la présence d'une telle nappe d'eau augmente, en effet, sensiblement le nombre des ricochets.

5° Les rigoles prévues pour l'évacuation des eaux de pluie, les fossés dans lesquels débouchent ces rigoles, l'orifice des puisards dans les abris de marqueurs qui en comportent, ne doivent jamais être obstrués par des amas de terre, de sable ou de matériaux quelconques.

MESURES PARTICULIÈRES D'ENTRETIEN QUI INCOMBENT AUX CORPS DE TROUPE DANS LES STANDS OU LE TIR DU CANON DE 37 EST AUTORISÉ.

Dans les tirs du canon de 37 dans les stands, les hausses et les dérives sont choisies de telle sorte que les cibles recueillent tous les projectiles.

Ces précautions ont pour but de soustraire les murs et la toiture du stand aux atteintes directes qu'il est indispensable d'éviter; elles seront complétées, *après chaque séance de tir*, par une recherche soigneuse des obus tirés, et, fréquemment, par une remise en forme des talus de la butte. L'inobservation de ces prescriptions pourrait provoquer la production de ricochets particulièrement dangereux.

VISITE ANNUELLE.

Chaque année, quand la série des tirs réglementaires est terminée, les officiers de tir des différents corps de la garnison et un représentant du chef du génie procèdent, de concert, à la visite de tous les champs de tir et stands dont la charge incombe à ces corps et vérifient l'état de leurs organes, dans les mêmes conditions que pour la mise en service.

Leur attention se porte tout particulièrement sur le maintien du niveau et des dimensions des organes de défilement ou d'arrêt des balles de plein fouet, ainsi que sur l'état d'entretien des talus ou des parements en bois ou métalliques de ces différents organes.

Les parements des maçonneries des abris des marqueurs et des murs-buttes tournés du côté des tireurs sont vérifiés particulièrement au droit des lignes de tir et à hauteur des points où la protection des revêtements en terre ou en bois est la plus faible. Ils sont, à cet effet, découverts sur une étendue suffisante.

Ils s'assurent, enfin, de la bonne conservation des différents repères ou inscriptions.

Les résultats de cette visite, avec toutes propositions utiles pour la remise en état des champs de tir et stands vérifiés, font l'objet d'un procès-verbal qui est transmis au directeur du génie et au commandant d'armes pour la suite à donner, chacun en ce qui le concerne.

RÔLE DU COMMANDANT D'ARMES.

Le commandant d'armes veille à l'observation des prescriptions contenues dans les régimes des champs de tir de la garnison et dans la présente instruction.

Il désigne les corps de la garnison qui ont à assumer la charge des différents stands et champs de tir existant dans la place (établissement des consignes particulières, entretien du champ de tir, confection des cibles, responsabilité du service des vedettes, etc...).

Il approuve les consignes permanentes préparées pour chacun des stands et des champs de tir par le corps responsable.

Il règle l'emploi des stands et des champs de tir par les corps de troupe, suivant leurs besoins, en s'attachant à obtenir de ces organes d'instruction le meilleur rendement.

COMPTES RENDUS ET RAPPORTS.

Tout incident de tir survenu dans un stand ou champ de tir doit être immédiatement signalé au service local du génie, qui en rend compte au Ministre, toutes les fois que la sécurité du personnel militaire ou des riverains est en jeu.

Un compte rendu ou rapport sera également adressé au Ministre dans le cas de constatations intéressantes faites soit au point de vue de la sécurité des abords des stands ou de la zone dangereuse des champs de tir, soit à celui des dégradations causées par le tir.

Chaque compte rendu établi, dans cet ordres d'idées, par un corps de troupe, devra être accompagné, lorsque cela paraîtra utile pour l'examen de l'affaire, d'un rapport du service local du génie; le cas échéant, communication sera donnée audit service, par le commandement, du compte rendu du corps, en vue de l'établissement du rapport susvisé.

DESSINS.

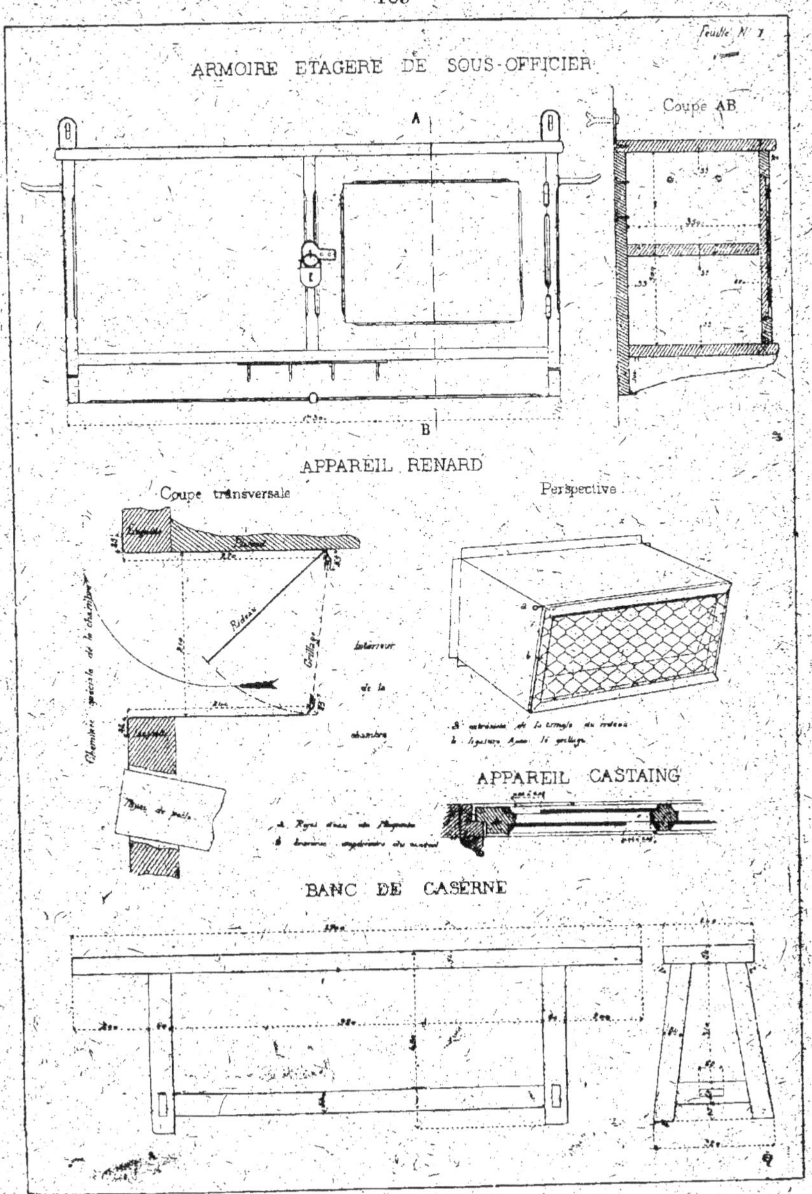
Feuille N° 1
ARMOIRE ETAGERE DE SOUS-OFFICIER
Coupe AB
A
B
APPAREIL RENARD
Coupe transversale
Perspective
Intérieur
de la
chambre
a extrémité de la tringle du rideau
b ligature dans le grillage
APPAREIL CASTAING
BANC DE CASERNE

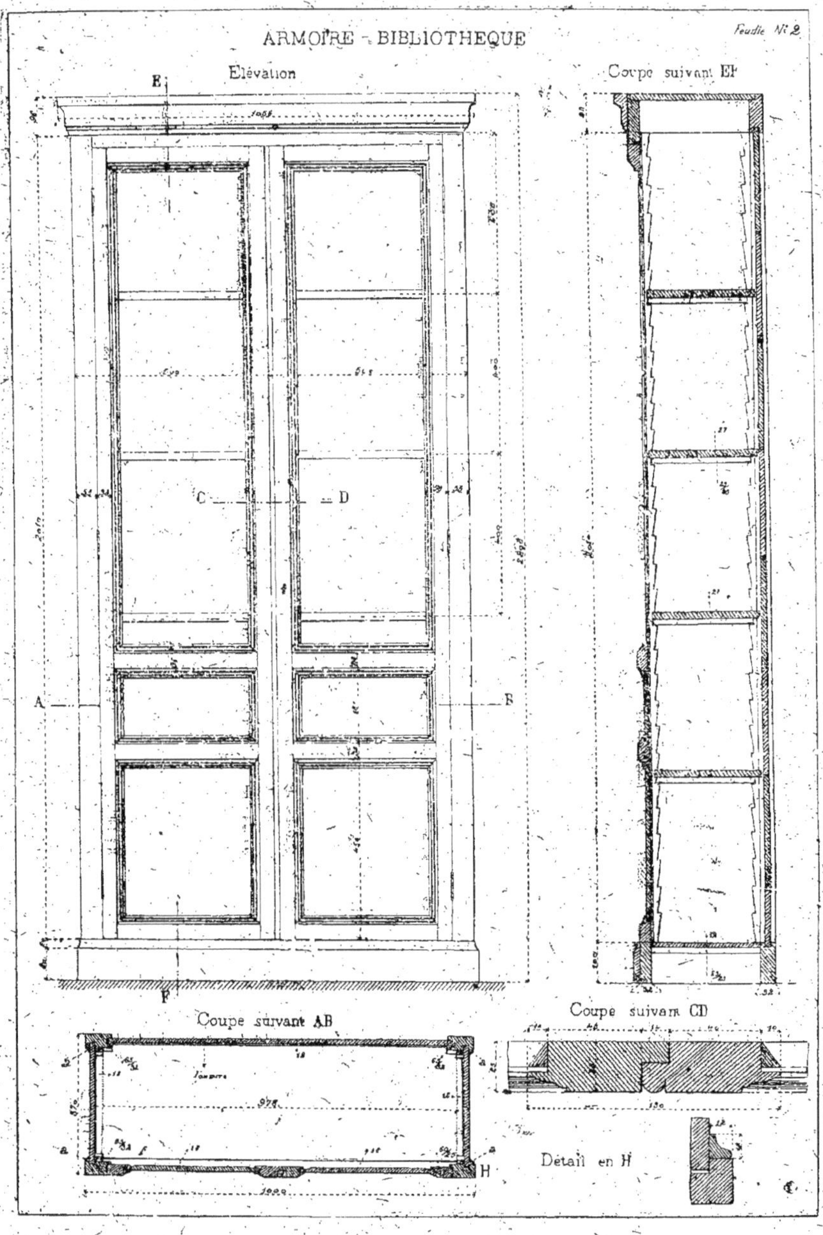

ARMOIRE - BIBLIOTHEQUE
Feuille N.° 2
Élévation
Coupe suivant EF
E
C — D
A
F
Coupe suivant AB
Coupe suivant CD
Détail en H
H

ARMOIRE D'INFIRMERIE
Elévation

Feuille N° 3

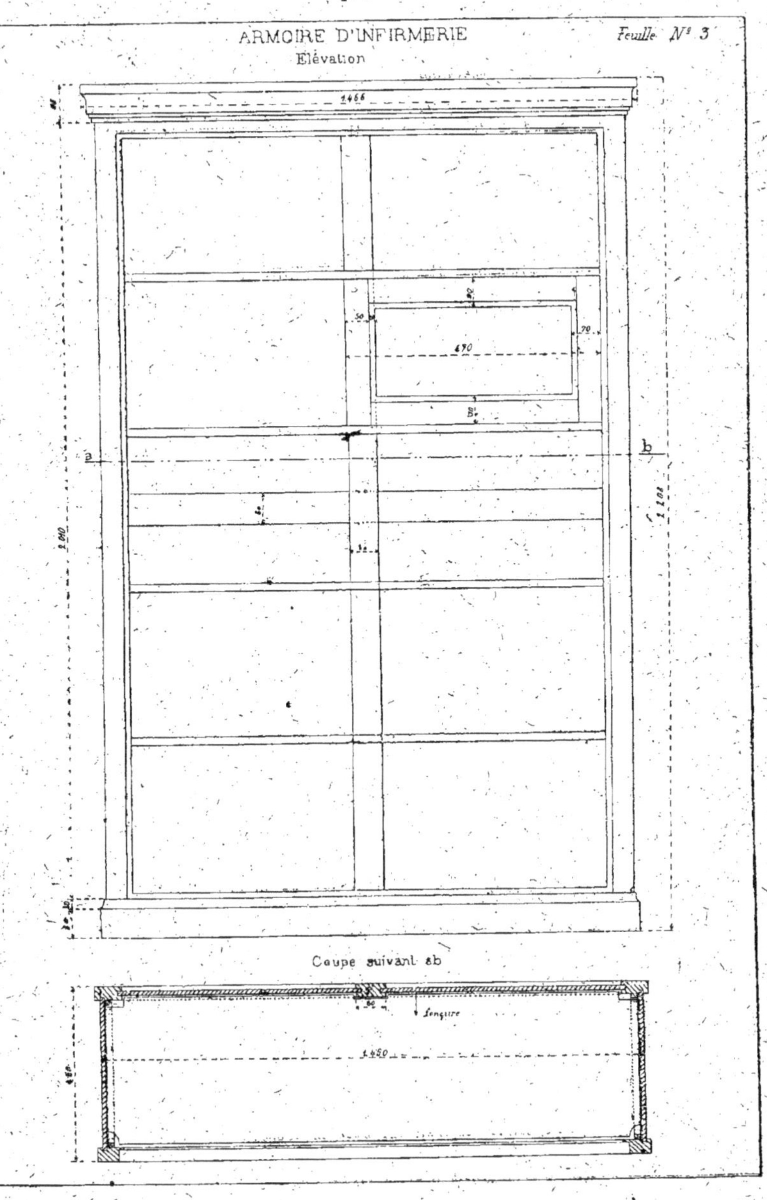

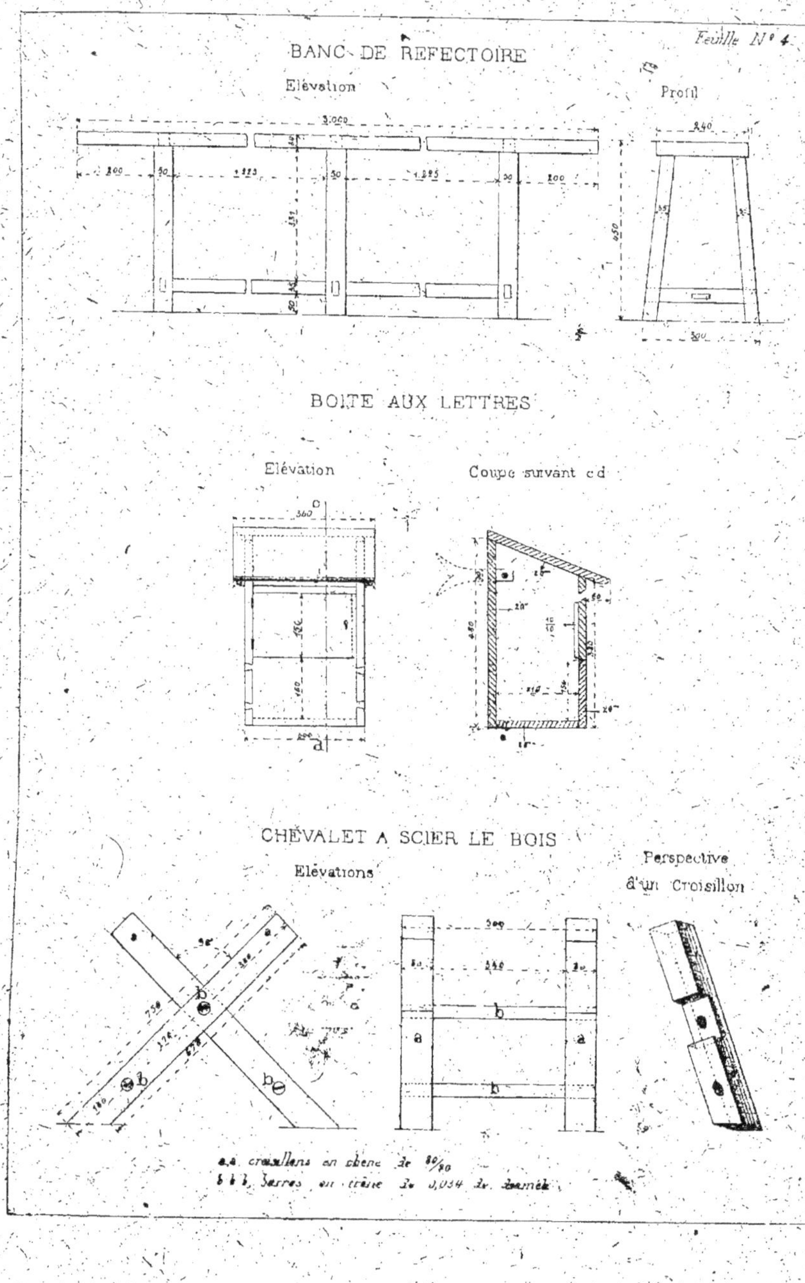
Feuille N° 4
BANC DE REFECTOIRE
Elévation
Profil
BOITE AUX LETTRES
Elévation
Coupe suivant c d
CHEVALET A SCIER LE BOIS
Elévations
Perspective d'un Croisillon

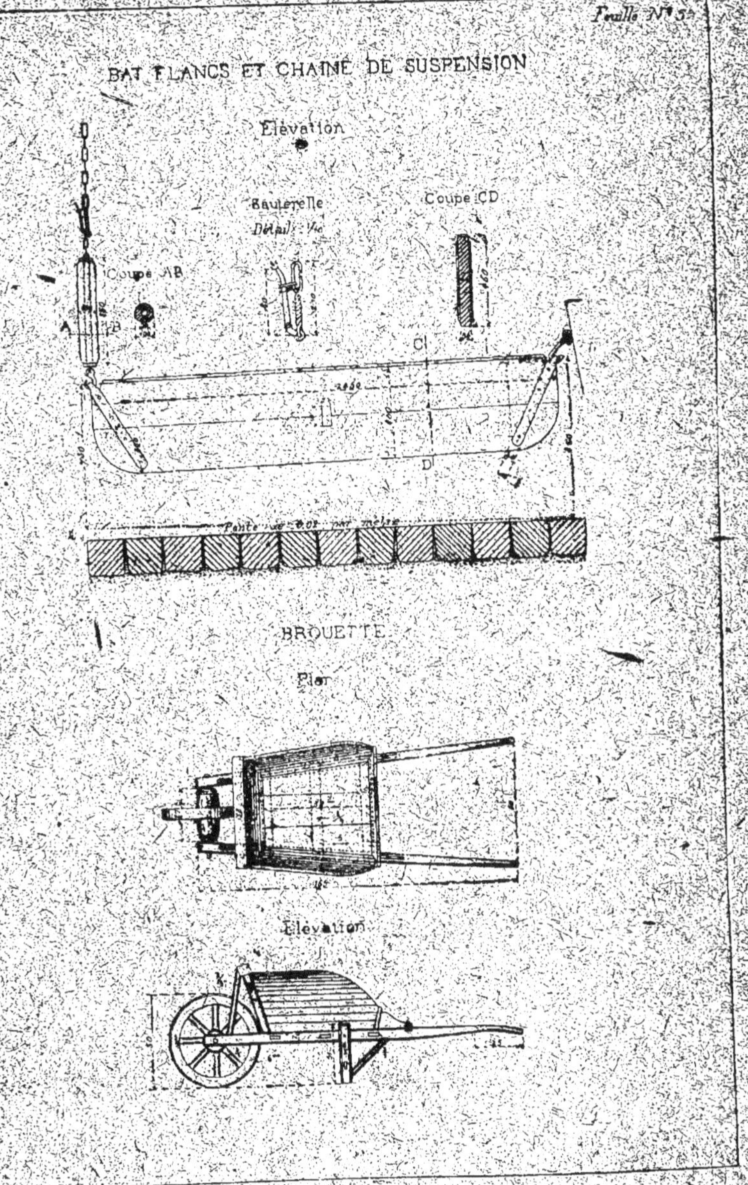
Feuille N° 5
BAT FLANCS ET CHAINE DE SUSPENSION
Élévation
Bauterelle
Détail : 1/10
Coupe CD
Coupe AB
A B
Pente de 0.02 par mètre
BROUETTE
Plan
Élévation

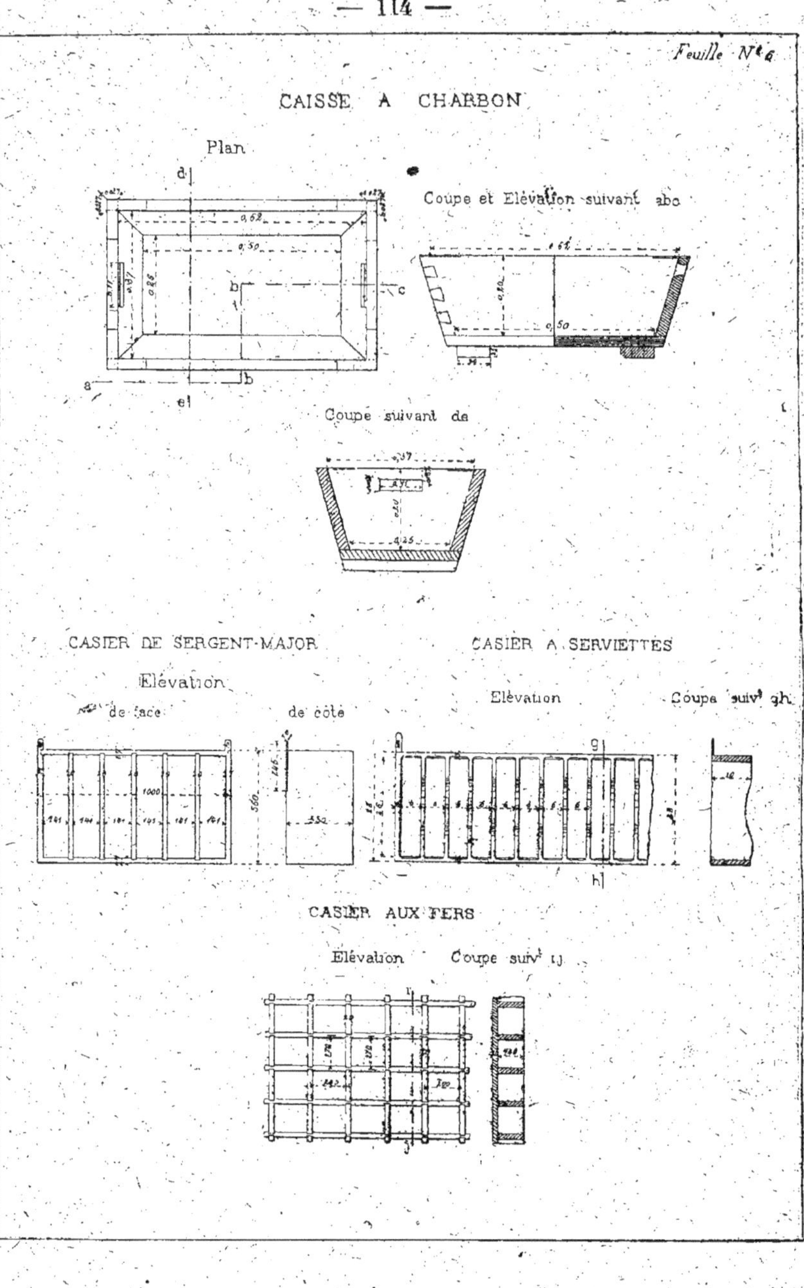
Feuille Nº 6
CAISSE A CHARBON
Plan
Coupe et Elévation suivant abc
Coupe suivant de
CASIER DE SERGENT-MAJOR
CASIER A SERVIETTES
Elévation
de face
de côté
Elévation
Coupe suiv. gh
CASIER AUX FERS
Elévation
Coupe suiv. ij

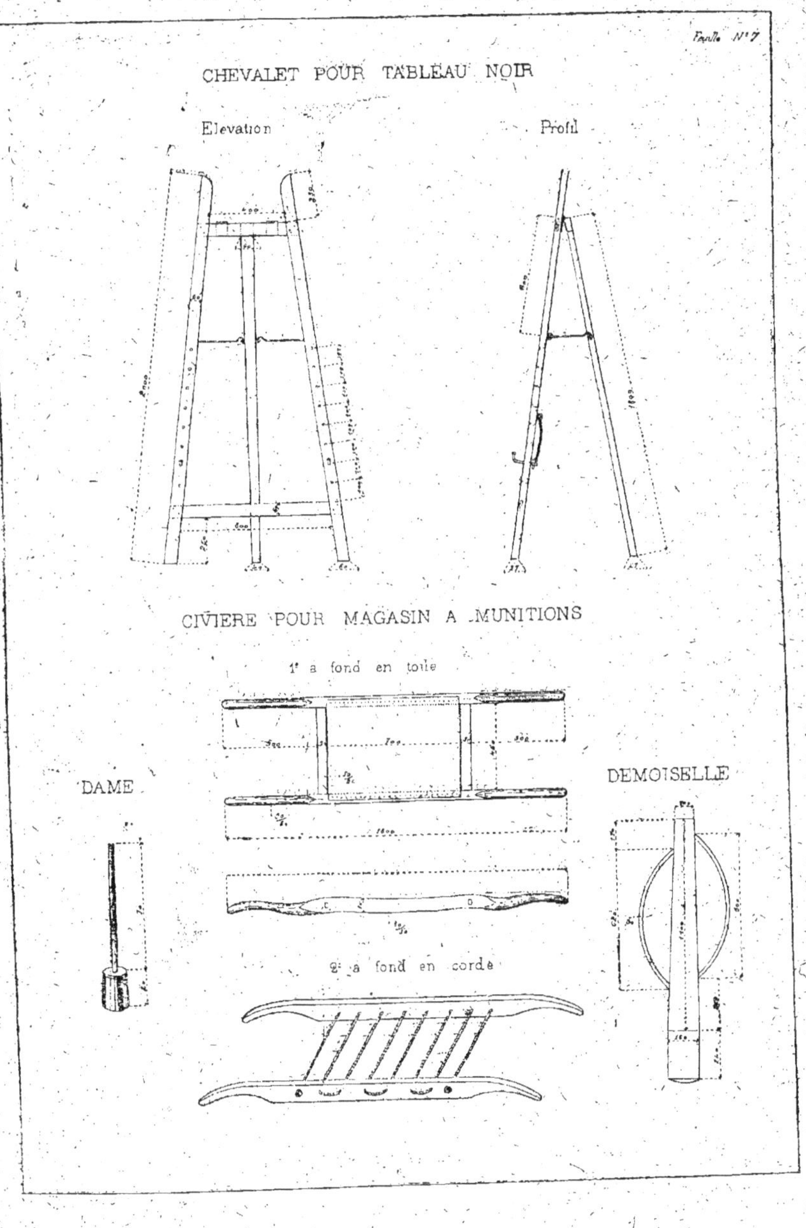
Feuille N° 7
CHEVALET POUR TABLEAU NOIR
Elevation
Profil
CIVIERE POUR MAGASIN A MUNITIONS
1° a fond en toile
DAME
DEMOISELLE
2° a fond en corde

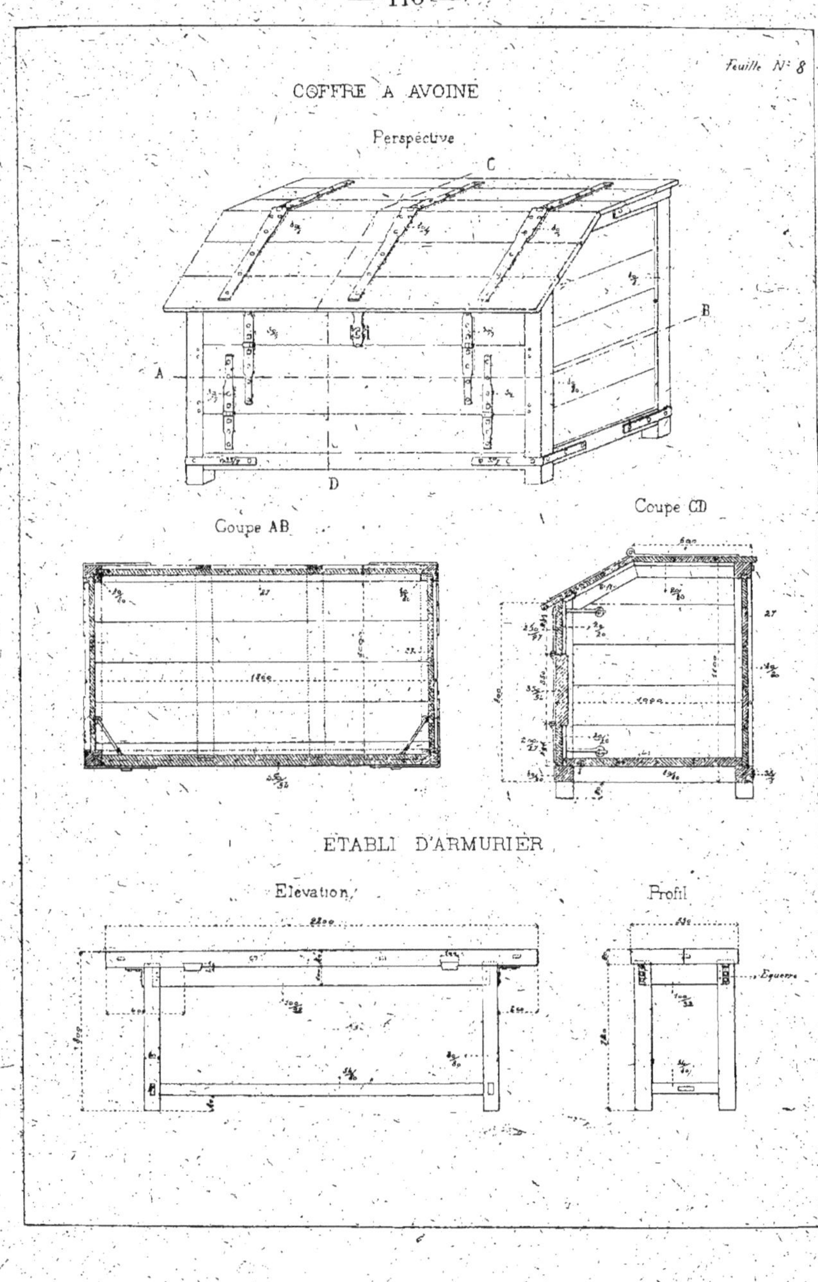
Feuille N° 8
COFFRE A AVOINE
Perspective
C
A
B
D
Coupe AB
Coupe CD
ETABLI D'ARMURIER
Elevation
Profil
Equerre

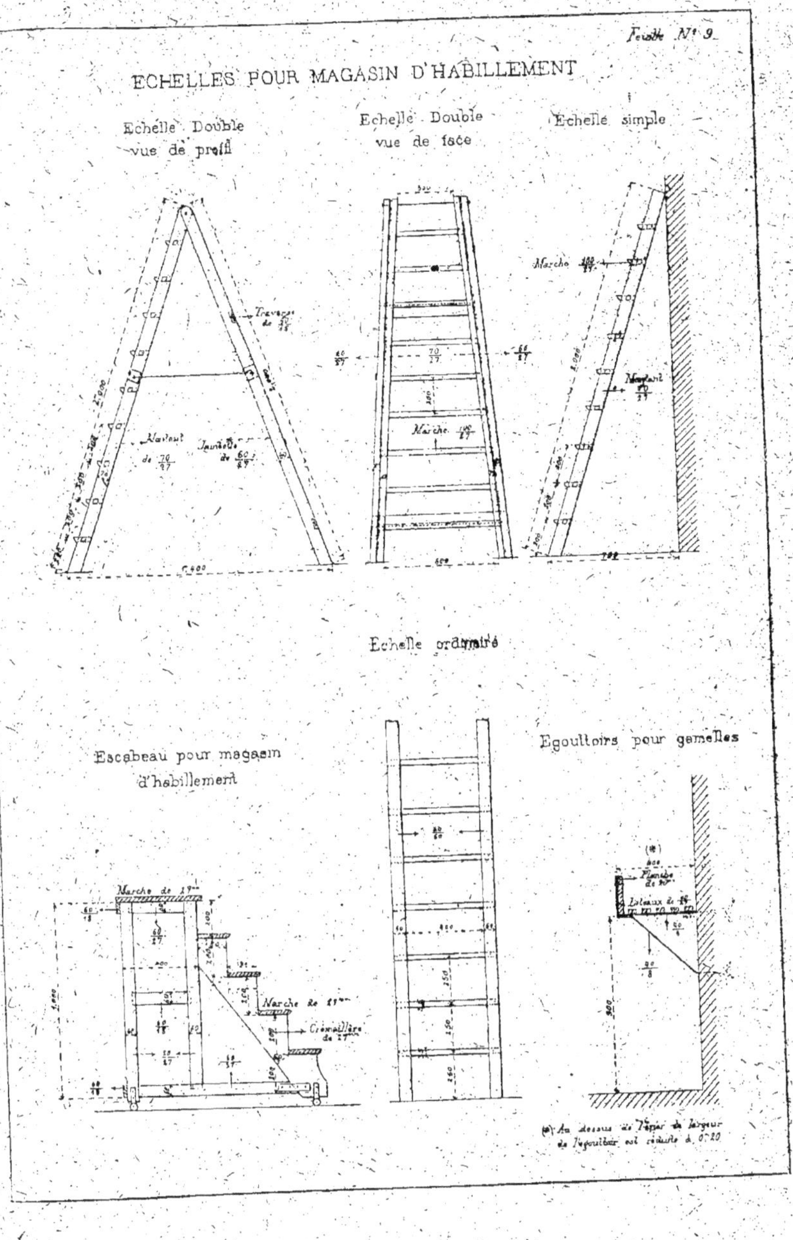
Feuille N° 9
ECHELLES POUR MAGASIN D'HABILLEMENT
Echelle Double
vue de profil
Echelle Double
vue de face
Echelle simple
Echelle ordinaire
Escabeau pour magasin
d'habillement
Egouttoirs pour gamelles

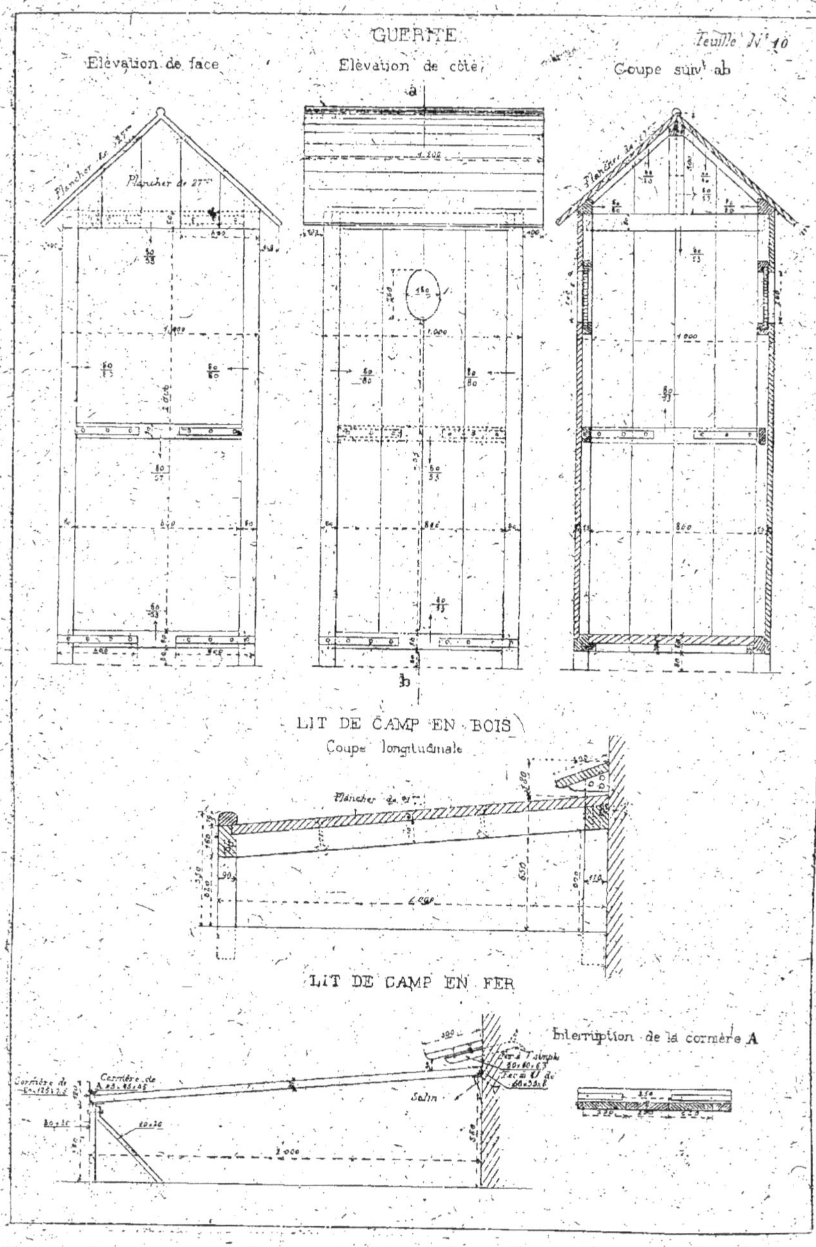

GUÉRITE.
Feuille N° 10
Élévation de face
Élévation de côté
Coupe suiv.t ab
Plancher de 27m/m
LIT DE CAMP EN BOIS
Coupe longitudinale
Plancher de
LIT DE CAMP EN FER
Interruption de la cornière A
Cornière de
Cornière de
Sabin

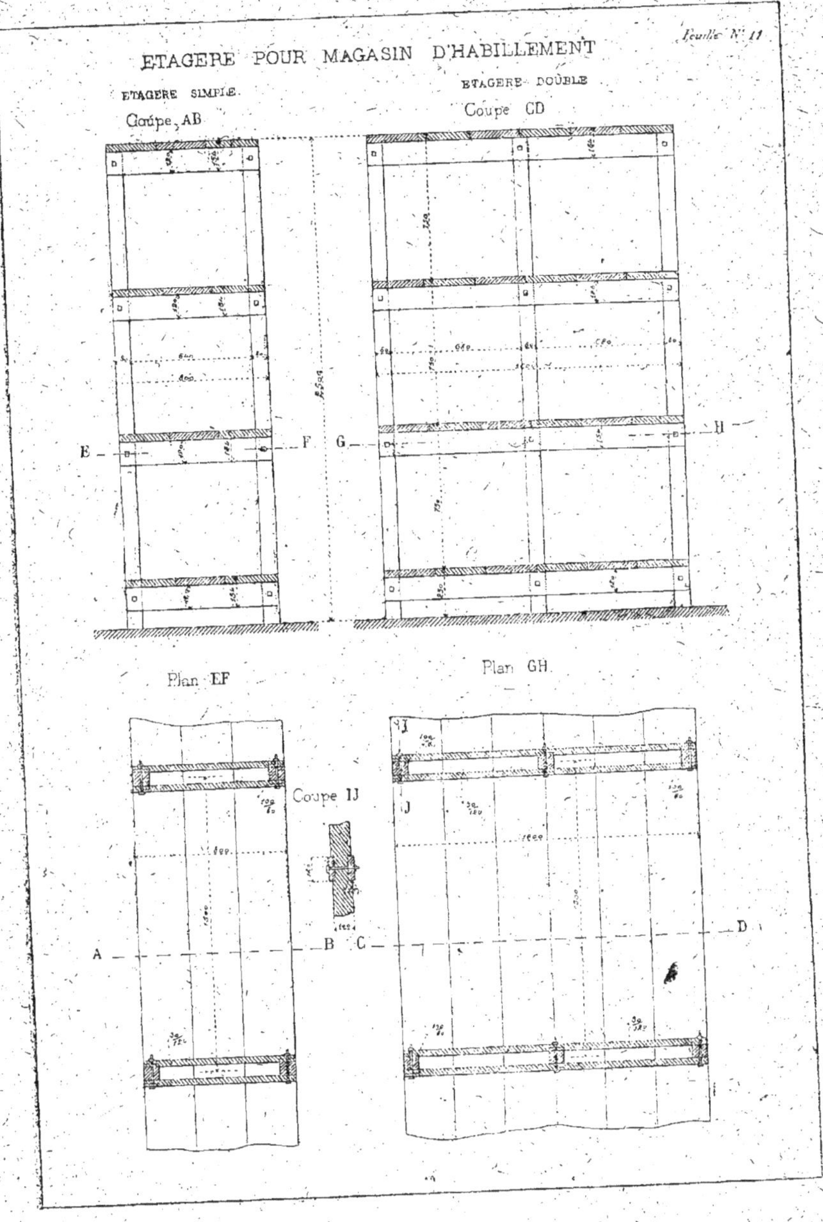

Feuille N. 11
ETAGERE POUR MAGASIN D'HABILLEMENT
ETAGERE SIMPLE.
Coupe AB
ETAGERE DOUBLE
Coupe CD
E
F
G
H
Plan EF
Plan GH
Coupe IJ
I
J
A
B
C
D

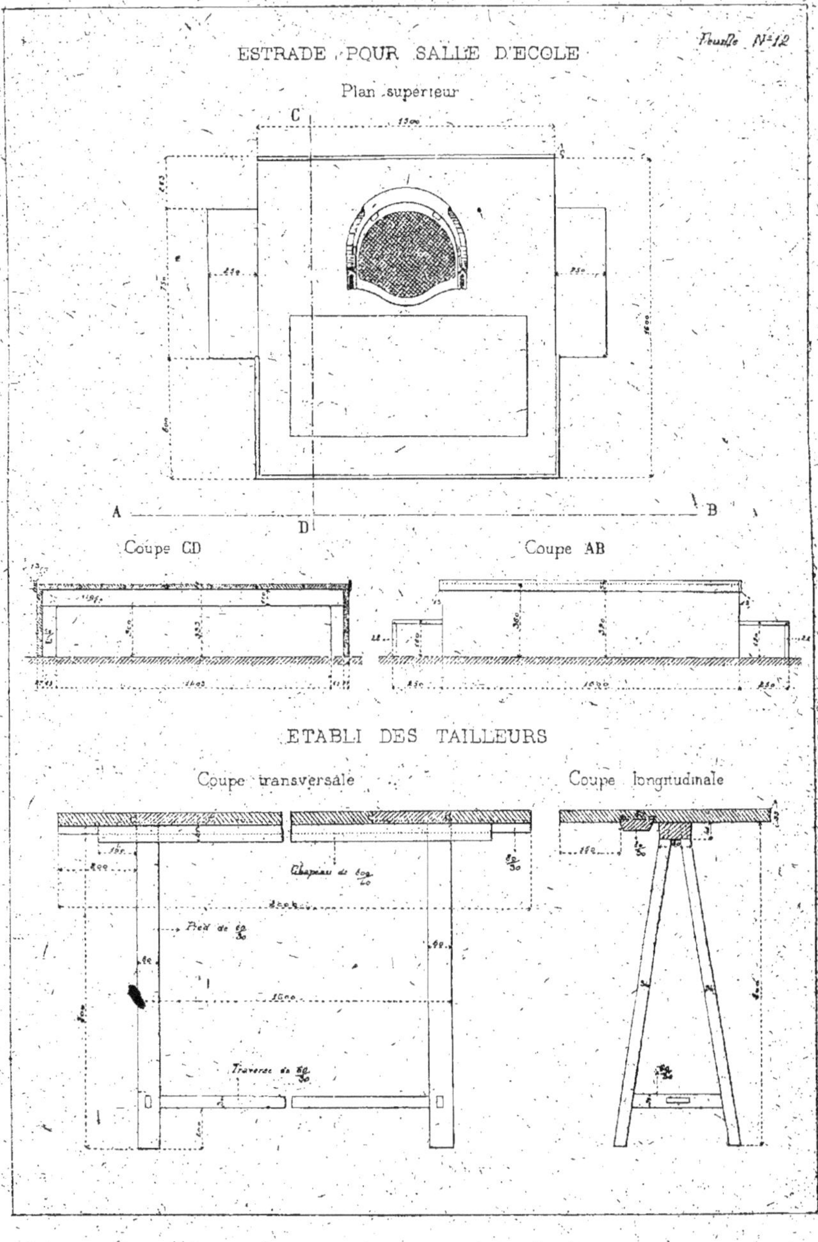

ESTRADE POUR SALLE D'ECOLE
Plan supérieur
Feuille N° 12
C
D
A
B
Coupe CD
Coupe AB
ETABLI DES TAILLEURS
Coupe transversale
Coupe longitudinale

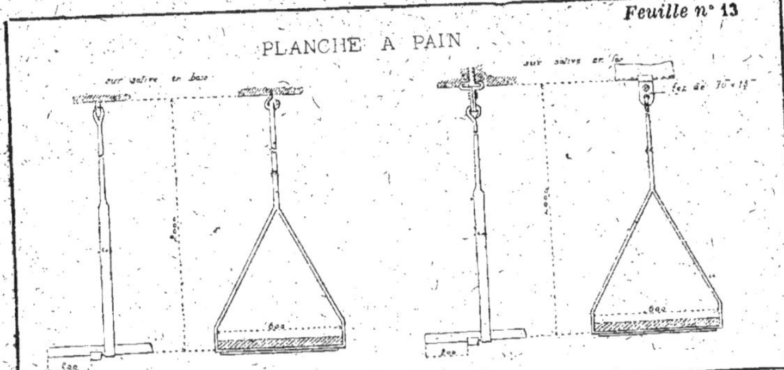

Feuille n° 13
PLANCHE A PAIN

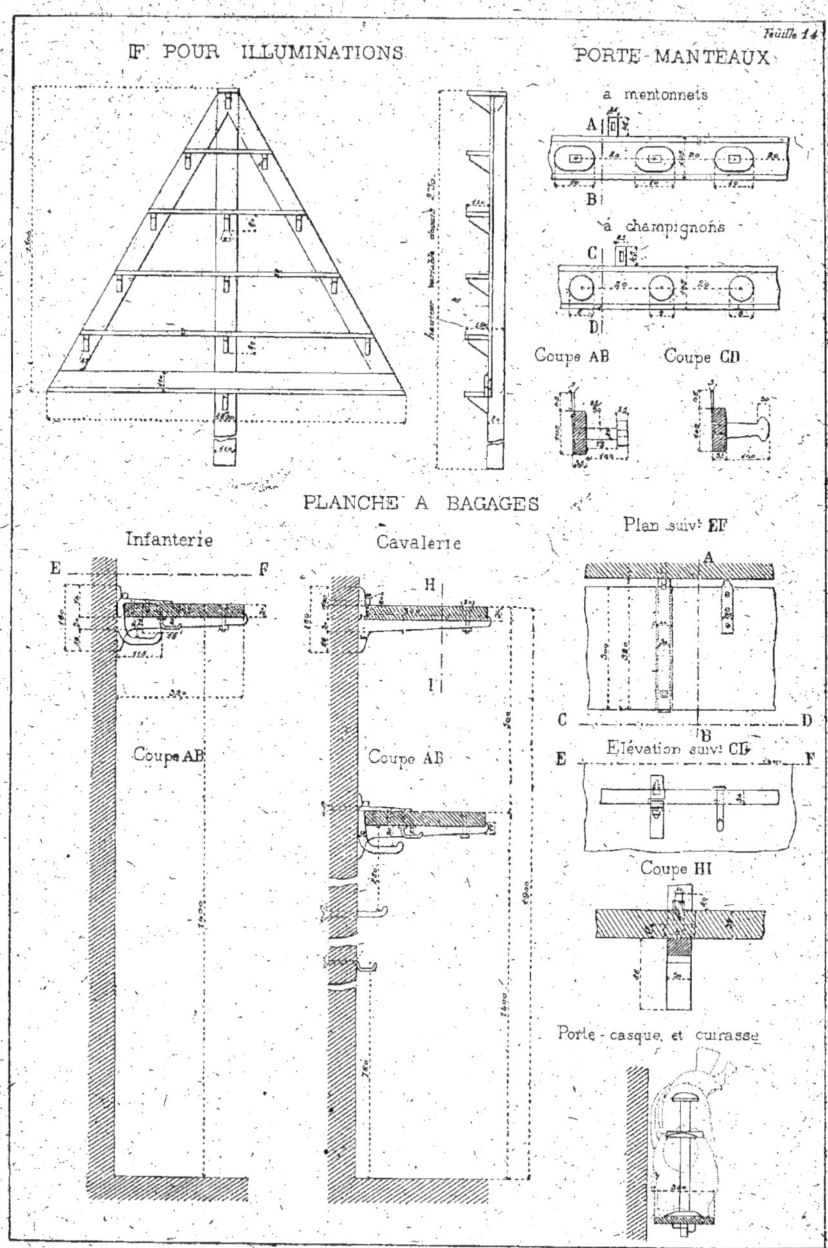
Feuille 14
IF POUR ILLUMINATIONS
PORTE-MANTEAUX
à mentonnets
A
B
à champignons
C
D
Coupe AB
Coupe CD
PLANCHE A BAGAGES
Infanterie
Cavalerie
Plan suiv.t EF
A
E
F
H
I
C
D
B
E
Elévation suiv.t CD
F
Coupe AB
Coupe AB
Coupe HI
Porte-casque et cuirasse

Feuille Nº 13

PLANCHER CAILLEBOTIS POUR
SALLE D'ASPERSION

PORTE SELLES OU PORTE
HARNAIS ADOSSÉ AU MUR

Plan   Coupe ab   Elévation   Profil

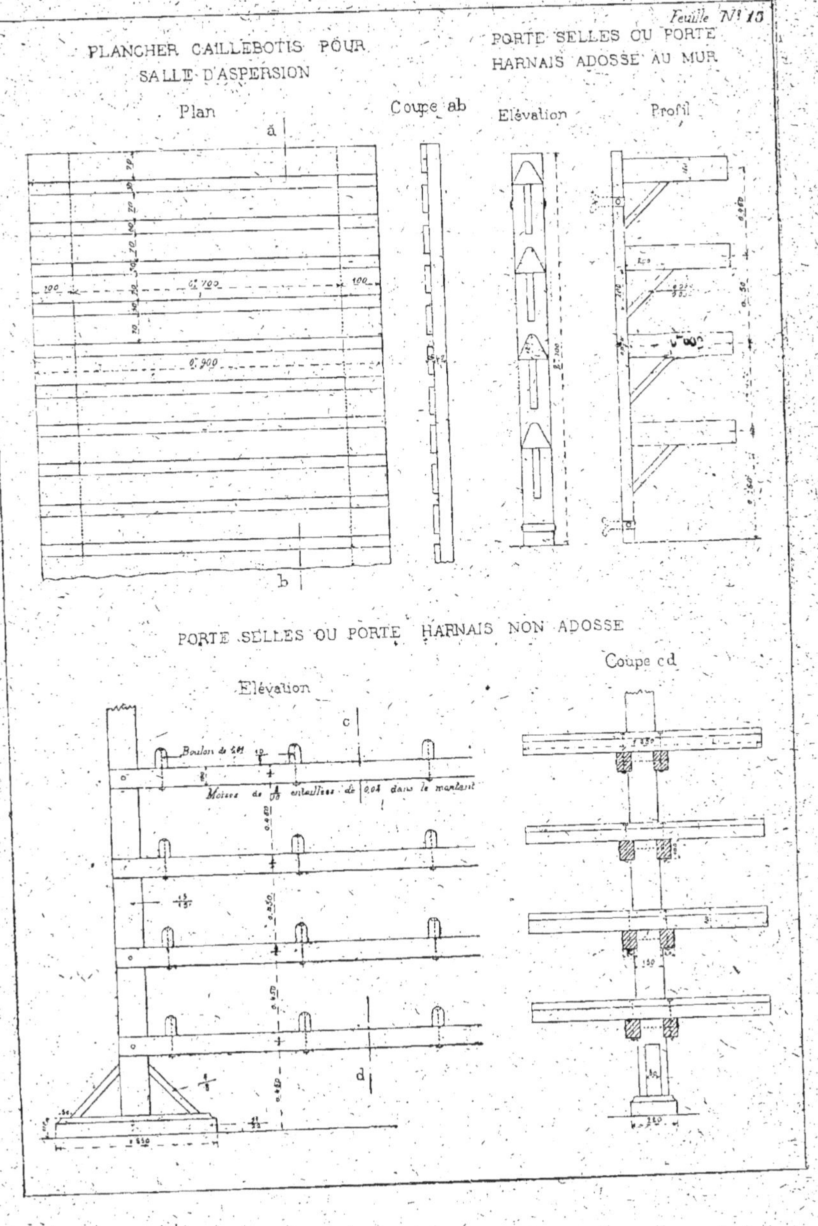

PORTE SELLES OU PORTE HARNAIS NON ADOSSÉ

Elévation

Coupe cd

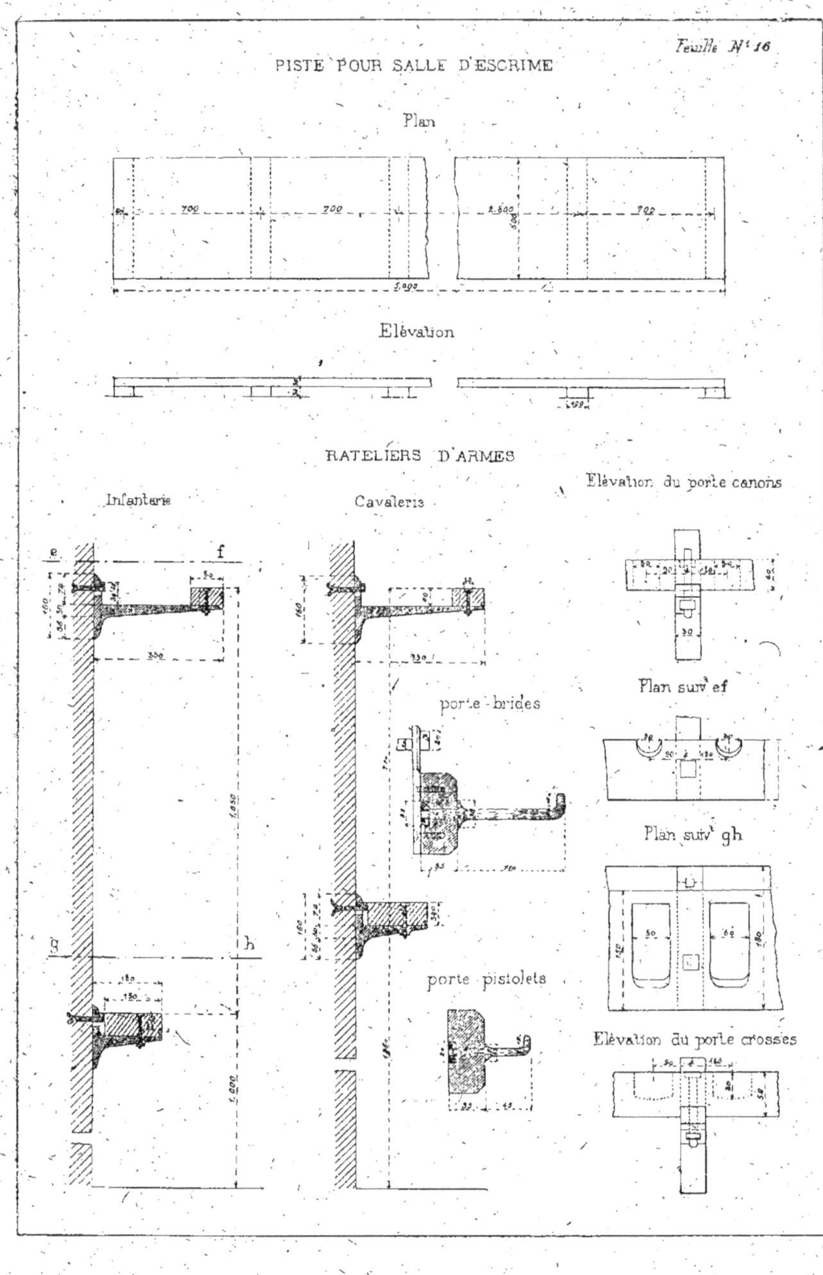

Feuille N° 16
PISTE POUR SALLE D'ESCRIME
Plan
Elévation
RATELIERS D'ARMES
Infanterie
Cavalerie
Elévation du porte canons
porte-brides
Plan suiv^t ef
Plan suiv^t gh
porte-pistolets
Elévation du porte crosses
e
f
g
h

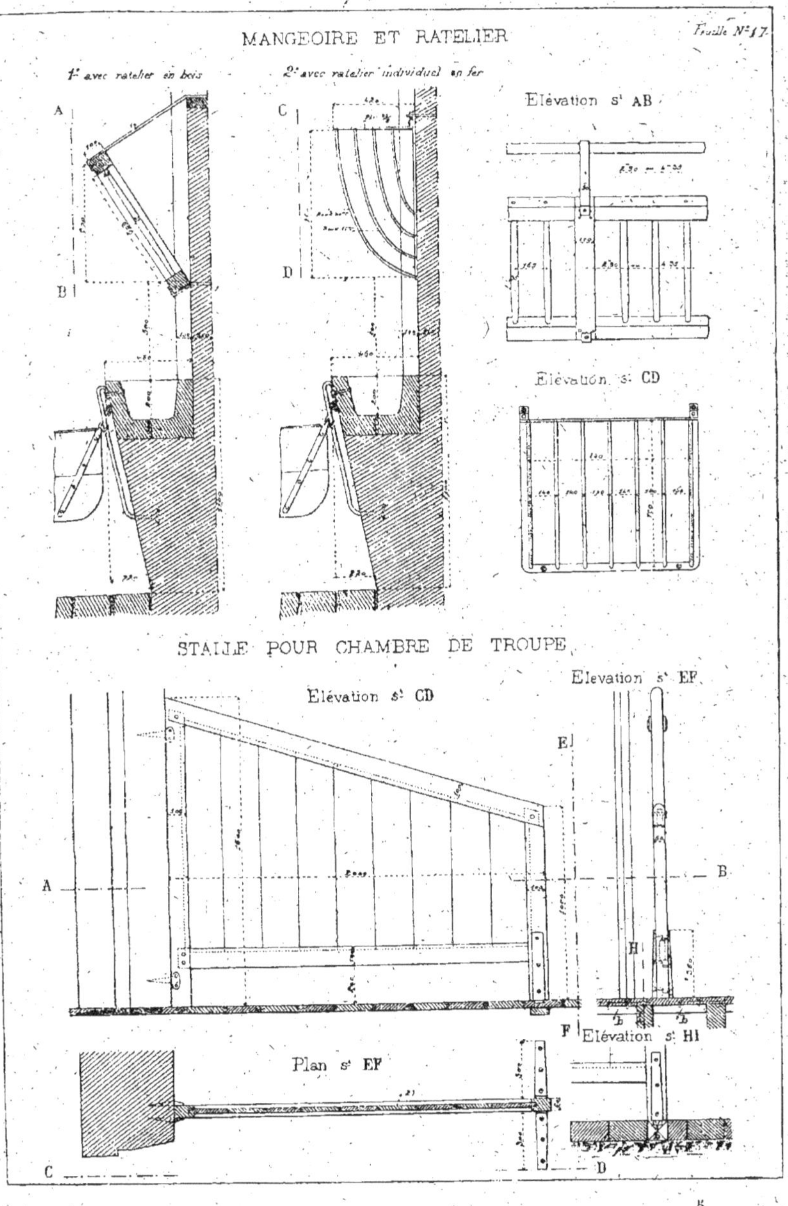

MANGEOIRE ET RATELIER
Feuille N° 17.
1° avec ratelier en bois
2° avec ratelier individuel en fer
A
B
C
D
Elévation s' AB
Elévation s' CD
STALLE POUR CHAMBRE DE TROUPE
Elévation s' CD
Elévation s' EF
E
A
B
H
F
Elévation s' HI
Plan s' EF
C
D

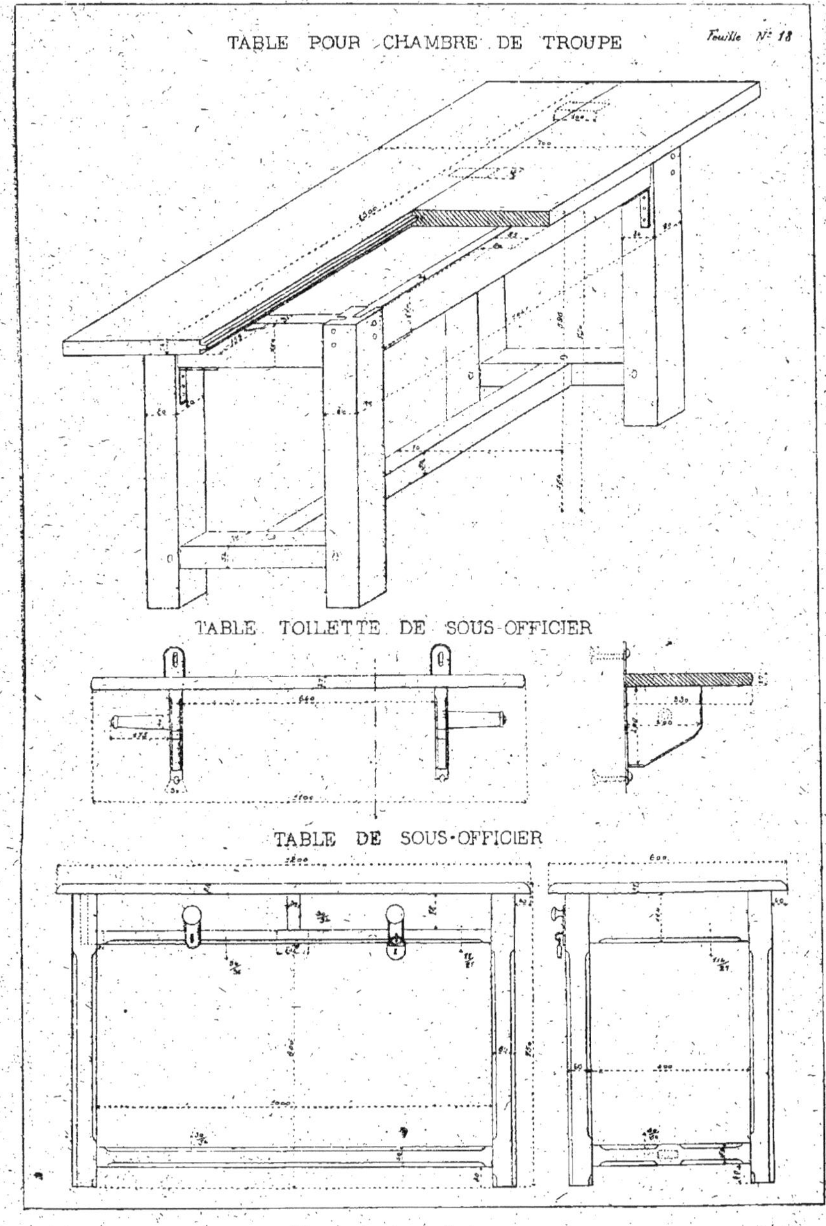

TABLE POUR CHAMBRE DE TROUPE
Feuille N: 18
TABLE TOILETTE DE SOUS-OFFICIER
TABLE DE SOUS-OFFICIER

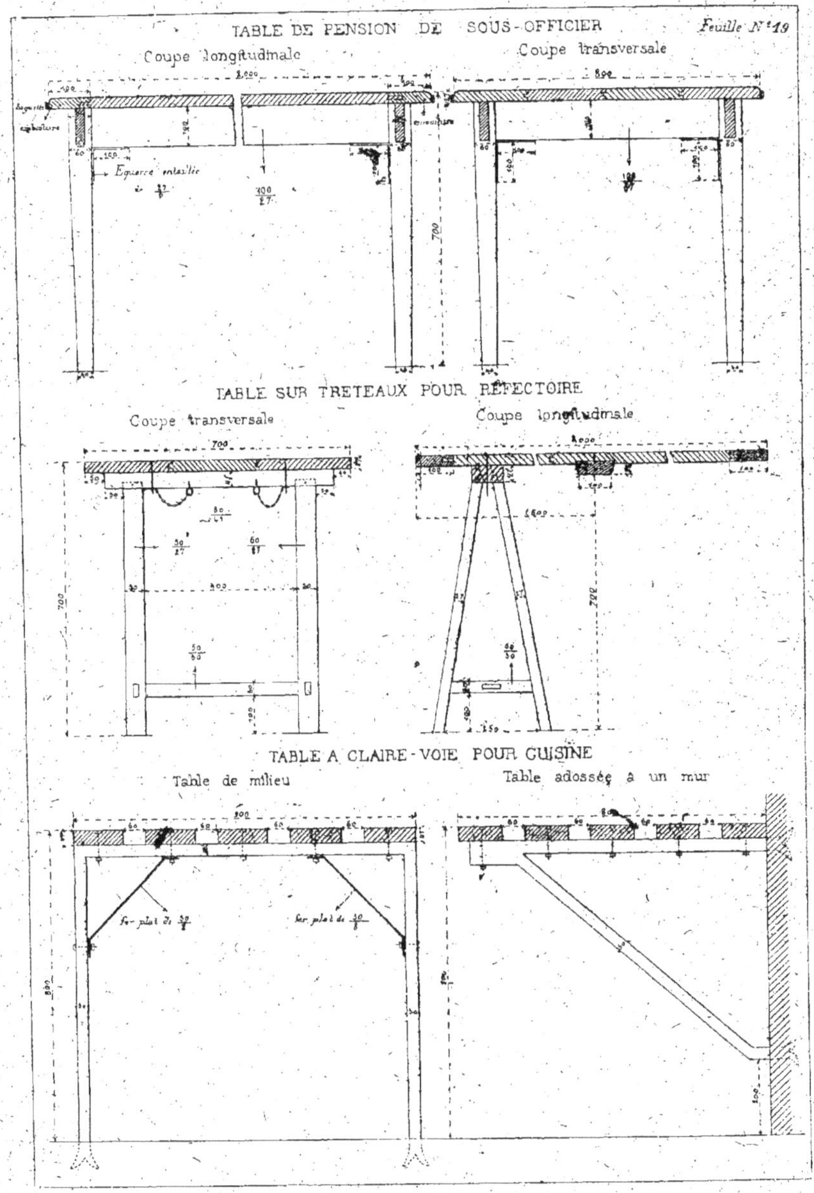

TABLE DE PENSION DE SOUS-OFFICIER
Feuille N° 19
Coupe longitudinale
Coupe transversale
TABLE SUR TRETEAUX POUR RÉFECTOIRE
Coupe transversale
Coupe longitudinale
TABLE A CLAIRE-VOIE POUR CUISINE
Table de milieu
Table adossée à un mur

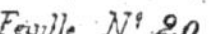

TABLE LÉGÈRE SUR TRÉTEAUX POUR MAGASIN
DE Cⁱᵉ D'ESCADRON OU BATTERIE

Coupe transversale

Coupe longitudinale

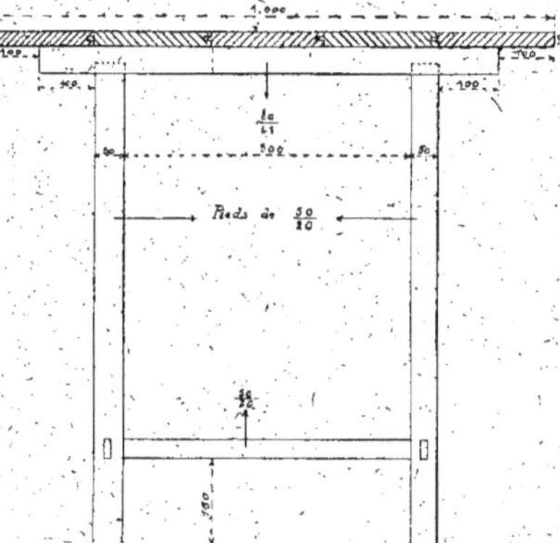

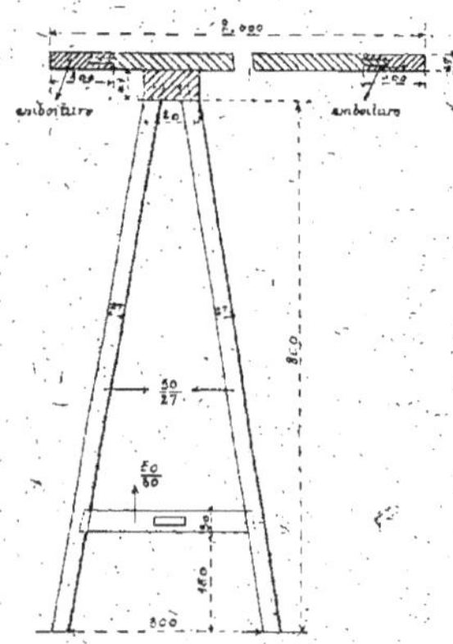

TABLE D'ENSEIGNEMENT AVEC BANC ADHÉRENT

Élévation

Coupe ab

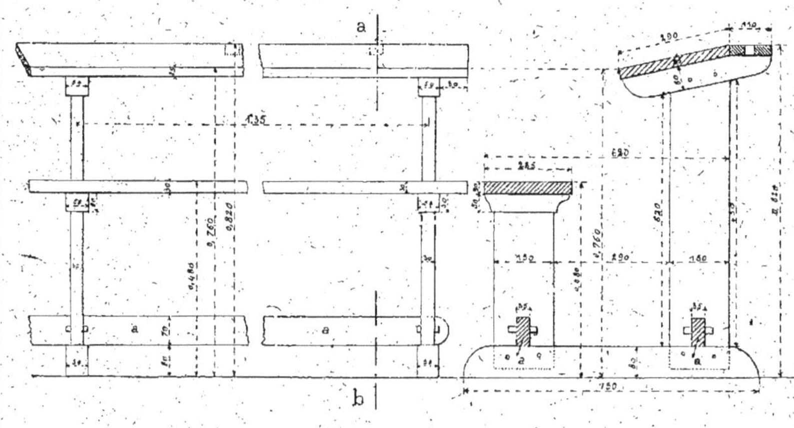

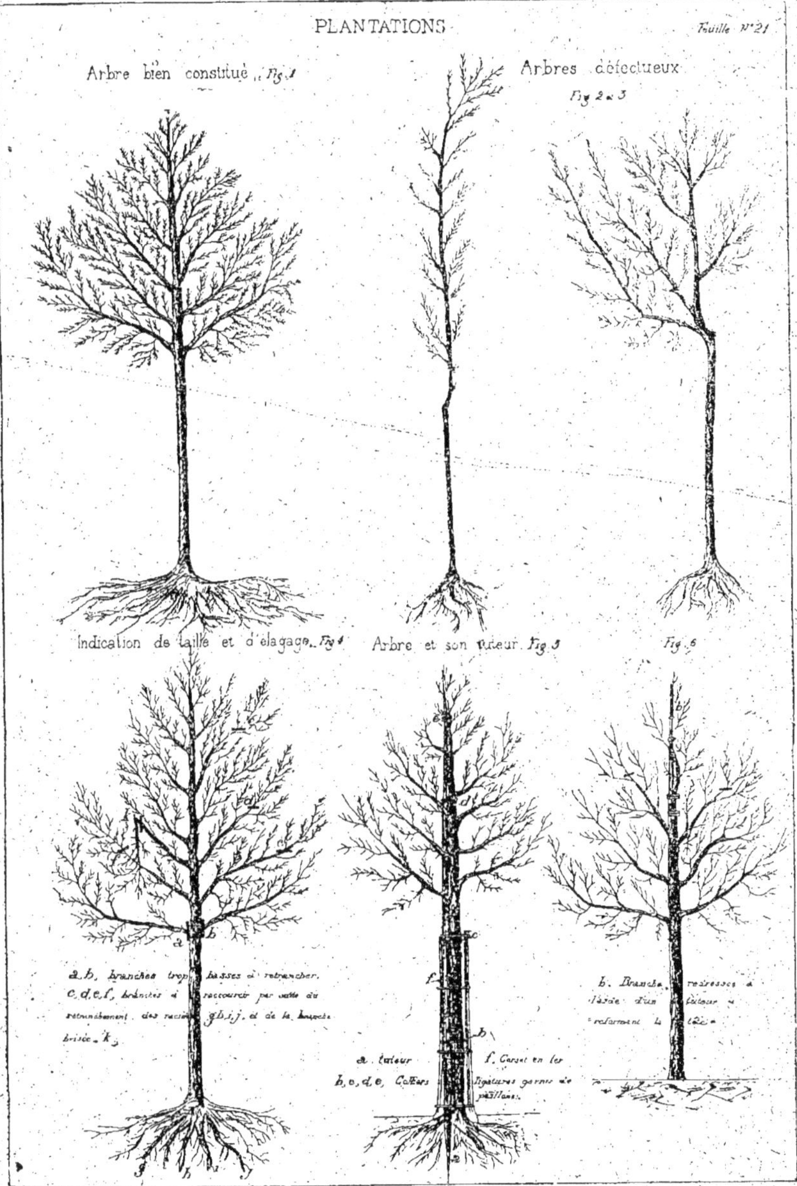

PLANTATIONS
Feuille N° 21
Arbre bien constitué. Fig. 1
Arbres défectueux
Fig. 2 et 3
Indication de taille et d'élagage. Fig. 4
Arbre et son tuteur. Fig. 5
Fig. 6
a.b. branches trop basses à retrancher.
c.d.e.f. brindles à raccourcir par suite du
retranchement des racines g.h.i.j. et de la branche
brisée k.
a. tuteur
b.c.d.e. Colliers
f. Corset en fer
ligatures garnies de
paillons.
b. Branche redressée à
l'aide d'un tuteur et
referment la tête.

TABLES

TABLE CHRONOLOGIQUE

TABLE ALPHABÉTIQUE

BIBLIOTHEQUE NATIONALE DE FRANCE
3 7502 018805792 9